Jonas Wienholt

AF 136681

Das Konzept des Empowerments
in der Sozialen Arbeit

Chancen und Möglichkeiten
der Inklusion aus der Sicht von
Menschen mit Handicap

Bibliografische Information der Deutschen Nationalbibliothek:

Die Deutsche Nationalbibliothek verzeichnet diese Publikation in der Deutschen Nationalbibliografie; detaillierte bibliografische Daten sind im Internet über http://dnb.d-nb.de abrufbar.

Impressum:

Copyright © Studylab 2021

Ein Imprint der GRIN Publishing GmbH, München

Druck und Bindung: Books on Demand GmbH, Norderstedt, Germany

Coverbild: GRIN Publishing GmbH | Freepik.com | Flaticon.com | ei8htz

Inhaltsverzeichnis

1 EINLEITUNG

Die gesellschaftliche Situation von Menschen mit Handicap befindet sich aktuell in unserer Gesellschaft in einem dynamischen Prozess. Bislang war das Thema der Integration äußerst prägnant für unsere Gesellschaft während es nun um Begriffe wie Inklusion, Empowerment und Partizipation von Menschen mit Handicap geht. Eine noch höhere Relevanz haben diese Begriffe zuletzt durch die UN-Konvention über Rechte behinderter Menschen bekommen (vgl. Schwalb u. Theunissen (2009): S. 7).

In theoretischer Hinsicht kommen wir dem Ziel der Inklusion, nämlich der Vorstellung, dass alle Menschen in der Gesellschafft vollkommen inkludiert werden, sehr nah. Dieses Denken ist aber visionär. Hier stellt sich die Frage, ob es so eine Gesellschaft überhaupt gibt oder ob diese existieren kann (ebd. S. 22).

In praktischer Hinsicht gibt es den Grund zur Annahme, dass Menschen mit Handicap durch viele Faktoren der Gesellschaft keinen oder nur bedingt Anschluss an das gesellschaftliche Leben haben.

Meine Erfahrungen haben gezeigt, dass es Theorien wie Inklusion, Partizipation und Empowerment gibt, die einen Leitfaden für erfolgreiche Inklusion von Menschen mit Handicap darstellen. Doch meine Praxiserfahrungen haben teils andere Ergebnisse gezeigt.

Gerade die Frage nach den Chancen und Möglichkeiten von Menschen mit Handicap ist von besonderem Interesse für mich, da das Thema der Inklusion von Menschen, die sich in bestimmten Randgruppen der Gesellschaft befinden, ein aktuelles und viel diskutiertes Thema ist.

Im Verlauf dieser Arbeit werde ich mich mit den zentralen Begriffen der Behindertenarbeit auseinandersetzen. Essenziell hierbei sind die eigenen Ressourcen von Menschen mit Handicap. Also inwiefern Menschen mit Handicap in der Lage sind, ihre eigenen Ressourcen so einzusetzen, dass sie bestimmte Krisen aus ihrem Alltag, ohne externe Unterstützung bewältigen können. Entscheidend hierbei ist die Frage nach einer geeigneten Ressourcenaktivierung bei Menschen mit Handicap.

Das Konzept des Empowerments ist bei der Suche nach Lösungen für ungleiche Strukturen der Gesellschaft ein geeignetes Konzept um Stärken, Potentiale und Ressourcen autonom einzusetzen.

Inwiefern kann also dieses von mir näher beschriebene Konzept in der Praxis der Sozialen Arbeit fundiert werden, und was gibt es für Grenzen dieses Konzeptes?

Ein großer Teil dieser Arbeit wird sich mit der Thematik auseinandersetzen, inwieweit der Empowerment-Ansatz in der Behindertenarbeit zu einem anerkannten Konzept werden kann.

Aus der Sicht der professionellen Unterstützer/innen ergeben sich Fragen nach geeigneten Methoden dieses Konzeptes, welche in dieser Arbeit näher beschrieben werden.

Für mich ist es entscheidend am Ende dieser Arbeit geeignete Methoden für die Praxis der Sozialen Arbeit herauszuarbeiten, um dann für die Zukunft mit einem Repertoire an Wissen über bestimmte Haltungen und Anwendungen ausgestattet zu sein.

1.1 Ziel der Arbeit

Die vorliegende Arbeit soll einen Einblick in die ressourcenorientierte Arbeit professioneller Helfer/innen in Bezug auf das Empowerment-Prozess leisten. Die Ressourcen der Menschen mit Handicap stellen einen wesentlichen Teil einer gelingenden Inklusion dar. Ebenfalls verfolgt diese Arbeit das Ziel, aufzuzeigen, inwieweit Menschen mit Handicap strukturelle Benachteiligung durch die Gesellschaft erfahren. Strukturelle Benachteiligung wird in diesem Zusammenhang synonym mit sozialer Ungleichheit gesetzt.

Für den Verfasser erscheint die praktische Ausführung ressourcenorientierter Arbeit als essenziell in der Behindertenarbeit. Daher wird ein Einblick in die praktische Ausführung von ressourcenorientierter Arbeit im Zuge des Empowerment-Ansatzes aufgezeigt. In Bezug auf die praktische Durchführung sind bestimmte Methoden für professionelle Unterstützer/innen bedeutsam für den Umgang mit Menschen mit Handicap.

Diese Arbeit verfolgt also zusammengefasst das Ziel, Methoden aufzuzeigen, um struktureller Benachteiligung entgegenzuwirken. Der Fokus wird dabei auf das autonome Handeln von Menschen mit Handicap gelegt.

1.1.1 Problemstellung

Als Problemstellung dieser Arbeit kann die Differenz von Theorie und praktischen Anwendungen gelingender Inklusion bezeichnet werden. Diese Differenz entstammt einem fehlenden Wissen über bestimmte Handlungen in der Sozialen

Arbeit. Oftmals verfügen professionelle Unterstützer/innen in der Behinderten-arbeit über ein großes Wissen, wie Inklusion funktionieren kann. Doch inwieweit können diese theoretischen Grundlagen auch in der Praxis umgesetzt werden?

Als Grundproblematik dieser Aneignung von inklusiven Methoden steht die gesellschaftliche Akzeptanz zu dem Thema Randgruppen einer Gesellschaft, zu denen auch Menschen mit Handicap gehören.

1.1.2 Fragestellung

Diese Arbeit beschäftigt sich mit der Fragestellung, welche Chancen und Möglichkeiten Menschen mit Handicap haben, um strukturellen Benachteiligungen und sozialen Ungleichheiten zu entkommen. Die Fragstellung benötigt für ein positives Gelingen ein Repertoire an geeigneten Handlungsmöglichkeiten für professionelle Unterstützer/innen. Diese werden im Verlauf dieser Arbeit erörtert.

1.2 Begründete Ein- und Ausgrenzung

Um den Umfang dieser Arbeit nicht zu überschreiten musste entschieden werden, welche Themen behandelt werden sollten und welche Thematiken den Umfang dieser Arbeit überschritten hätten.

Diese Arbeit beschäftigt sich mit dem Kontext Strukturelle Benachteiligung und Soziale Ungleichheit von erwachsenen Menschen mit Handicap. Folgende Aspekte sind bewusst ausgelassen worden:

- Jugendliche und Kinder
- Historie der sozialen Ungleichheit in Zeiten der Klassentheorie nach Karl Marx
- Modell der Salutogenese
- Modell des Kohärenzgefühls

Die Definition von Behinderung in Kapitel 2.1 wurde bewusst nach der WHO beschrieben, um den Fokus nicht allein auf das Individuum und dessen Handicap zu legen, sondern die Umweltfaktoren eines Individuums zu berücksichtigen.

Vorwiegend befasst sich diese Arbeit mit Menschen, die ein oder mehrere Handicaps aufweisen also eine geistige Beeinträchtigung haben jedoch sind die beschriebenen Aspekte auch auf Menschen mit einer psychischen oder physischen Beeinträchtigung anwendbar.

2 THEORETISCHE GRUNDLAGEN

Im folgenden Abschnitt werden die theoretischen Grundlagen für den weiteren Verlauf dieser Arbeit näher erläutert. Zunächst wird der Begriff geistiges Handicap definiert um anschließend die Theorien sozialer Ungleichheit und des Empowerments zu beschreiben.

2.1 Geistiges Handicap

Der Begriff geistige Behinderung wird international unterschiedlich interpretiert und verwendet. Deshalb ist es essenziel diesen Begriff für den weiteren Verlauf dieser Arbeit zu definieren (vgl. Theunissen (2008): S. 127).

Während dieser Arbeit wird der Begriff „geistiges Handicap" mit dem Begriff „geistige Behinderung" synonym behandelt.

Es gibt unterschiedliche Definitionen von dem Begriff „geistige Behinderung". Für diese Arbeit ist die Definition der Weltgesundheitsorganisation (WHO) treffend, da sie den Blick nicht nur auf das Handicap eines Individuums legt, sondern die Umwelt eines Menschen mit Handicap berücksichtigt.

Die WHO definiert den Begriff als eine signifikant verringerte Fähigkeit, neue oder komplexe Informationen zu verstehen und neue Fähigkeiten zu erlernen und anzuwenden. Dadurch verringert sich die Fähigkeit, ein unabhängiges Leben zu führen. Behinderung ist laut WHO nicht allein von der individuellen Gesundheit oder den Beeinträchtigungen eines Individuums abhängig, sondern hängt auch davon ab, in welchem Maße die vorhandenen Rahmenbedingungen seine vollständige Beteiligung am gesellschaftlichen Leben begünstigen (vgl. WHO 2020a).

Die ICD- Klassifikation der WHO teilt geistige Behinderung in verschiedene Grade ein. In diesem Klassifikationssystem sind die Intelligenzstörungen F70-F79 unterteilt in:

- F70.- Leichte Intelligenzminderung
- F71.- Mittelgradige Intelligenzminderung
- F72.- Schwere Intelligenzminderung
- F73.- Schwerste Intelligenzminderung

- F74.- Dissoziierte Intelligenz
- F78.- Andere Intelligenzminderung
- F79.- Nicht näher bezeichnete Intelligenzminderung

Die WHO setzt die Begriffe „Intelligenzminderung" und „geistige Behinderung" synonym (vgl. WHO 2020b).

Im folgenden Abschnitt wird das Konstrukt der sozialen Ungleichheit näher beschrieben.

2.2 Soziale Ungleichheit

Dieses Kapitel beschäftigt sich damit, was unter sozialer Ungleichheit zu verstehen ist und woran diese gemessen wird.

Soziale Ungleichheit ist ein Phänomen der Sozialstruktur einer Gesellschaft. Also muss zunächst einmal geklärt werden, was mit der Sozialstruktur einer Gesellschaft gemeint ist. Es geht um Menschen, die als Individuum einer sozialen Kategorie angehören wie beispielsweise durch das Geschlecht, die Herkunft, das Alter, der Bildungs- oder Berufsgruppe und um dessen interaktiven Beziehungen in den einzelnen sozialen Gruppen. Von einer Struktur wird in der Soziologie dann gesprochen, wenn es sich um eine regelhafte und relativ dauerhafte Beziehung handelt. Sozialstruktur bedeutet also das stabile System sozialer Beziehungen in einer Gesellschaft (vgl. Solga, Powell u. Berger (2009): S. 13).

Die Sozialstrukturanalyse ist also eine Form der Gesellschaftsanalyse, bei der es um die Frage nach sozialer Ungleichheit geht. Grundlage für eine Regelmäßigkeit und Dauerhaftigkeit sozialer Beziehungen ist die unterschiedliche Verteilung von wichtigen Ressourcen. Ressourcen können hierbei Kapital, Macht, Bildung oder Einkommen sein. Die Verteilung unterschiedlicher Ressourcen bestimmt dann auf der einen Seite, welche Unterschiede es im Ressourcenbesitz sozialer Gruppen gibt, auf der anderen Seite lassen sich daraus aber auch Vor- und Nachteile ableiten. Dann wird von sozialer Ungleichheit gesprochen (ebd. S. 14).

Im Zuge der sozialen Ungleichheit wird von Menschen gesprochen, die einer sozialen Gruppe zugehörig sind. In diesen sozialen Gruppen nehmen Individuen unterschiedliche soziale Positionen ein, in denen unterschiedliche Erwartungshaltungen, Aufgabenbereiche und Ressourcen zugeteilt sind. Beispiele hierfür sind der Arbeitsmarkt, das Bildungssystem, die Familie, die Religion oder der Staat. Diese definierten Aufgaben und Ressourcen sind jedoch auf die soziale

Position einer sozialen Gruppe und nicht auf das Individuum zugeschnitten. Soziale Positionen sind beispielsweise Beschäftigte und Unternehmer, Kinder und Eltern, Lehrer/innen und Schüler/innen oder Männer und Frauen. Da für die einzelnen Positionen einer sozialen Gruppe Handlungserwartungen und -bedingungen sowie Gelegenheitsstrukturen definiert sind, werden diese auch an das jeweils zugehörige Individuum gestellt. Beispielsweise gibt es Erwartungen an den Unternehmer, der dafür sorgen muss, dass das Unternehmen nachhaltig und effizient wirtschaftet. Nun sind diese Erwartungen aber lediglich an die Position des Unternehmers gestellt und nicht an das dazugehörige Individuum. Individuen können die zur Verfügung gestellten Handlungsspielräume dieser Position unterschiedlich nutzen (ebd. S. 14)

Um soziale Ungleichheit näher beschreiben zu können, wird zunächst horizontale und vertikale Ungleichheit definiert. In der Theorie wird davon ausgegangen, dass es auf einer horizontalen sowie einer vertikalen Ebene zu sozialer Ungleichheit kommen kann. Die horizontale Sicht beschreibt Eigenschaften wie das Alter, ethnische Zugehörigkeit oder sexuelle Orientierung während die vertikale Ebene Einkommen, Vermögen Bildung und Beruf aufzeigt. (vgl. Felder (2012): S. 230).

Die Theorie der horizontalen und vertikalen Ungleichheit geht davon aus, dass Menschen mit Handicap sozialer Ungleichheit ausgesetzt sind, die über die horizontale Ungleichheit hinausgeht. Unterschiede der horizontalen Ungleichheit (Alter, ethnische Zugehörigkeit oder sexuelle Orientierung) können sich anhäufen und dann so groß werden, dass das Wohlergehen der Betroffenen stark eingeschränkt ist. Dies ist dann der Fall, wenn sich mehrere potenziell benachteiligte Eigenschaften und Faktoren vereinen. Beispielsweise sind Menschen, die ein Handicap haben und zusätzlich noch Faktoren horizontaler Ungleichheit zeigen wie beispielsweise Homosexualität oder einen Migrantenstatus, besonders stark benachteiligt (ebd. S. 231).

Viele Menschen mit Handicap sind Prozessen der sozialen Ungleichheit ausgesetzt. Im weiteren Verlauf dieser Arbeit wird die Thematik sozialer Ungleichheit im Hinblick auf Menschen mit Handicap näher beschrieben.

2.3 Theorien der sozialen Ungleichheit

Der folgende Abschnitt beschäftigt sich näher mit den Theorien der sozialen Ungleichheit nach Solga. Zunächst wird festgehalten, dass Theorien sozialer Ungleichheit sich erstens durch die Determinanten und Dimensionen und zweitens durch den Mechanismus, der durch soziale Ungleichheit ausgelöst wird, definieren. Beides muss gegeben sein, um soziale Ungleichheit zu erklären. Ist nur ersteres gegeben, spricht Solga lediglich von der Beschreibung bestimmter Phänomene sozialer Ungleichheit. Um soziale Ungleichheit messbar zu machen, benötigt es die Herstellung geeigneter sozialer Indikatoren. Diese Indikatoren können soziale Ungleichheit messen und abbilden (vgl. Solga, Powell u. Berger (2009): S. 20).

Die Strukturebenen sozialer Ungleichheit lassen sich wie folgt erklären. Es gibt vier Strukturebenen sozialer Ungleichheit. (1) Determinanten, (2) Dimensionen, (3) Ursachen und (4) Auswirkungen (siehe Abbildung 1.).

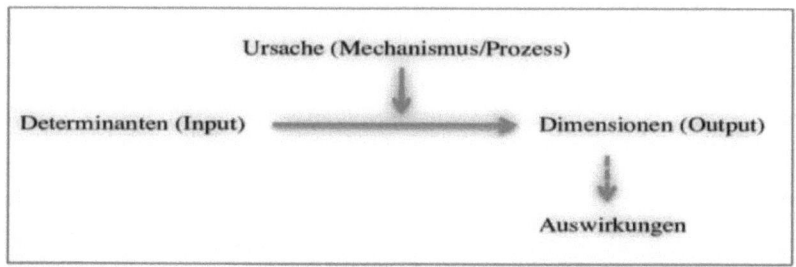

Abb. 1: Soziale Ungleichheit- Klassische Texte zur Sozialstrukturanalyse, (2009): S.17

(1) Determinanten sozialer Ungleichheit sind beispielsweise Merkmale von bestimmten Personen wie das Geschlecht, das Bildungsniveau oder die soziale Herkunft, die die Zugehörigkeit sozialer Gruppen definieren. Diese Merkmale werden auch Sozialkategorien genannt und in zugeschriebene und erworbene Merkmale unterteilt. Während die zugeschriebenen Merkmale wie Alter, Geschlecht, regionale Herkunft, Behinderung eines Individuums nicht oder kaum beeinflusst werden können, sind erworbene Merkmale von Individuen durch eigenes Engagement zu erlangen wie beispielsweise durch Bildung, Beruf, Familienstand (ebd. S. 16).

Jedoch nicht alle biologischen Unterschiede zwischen einzelnen Individuen sind per se ungleichheitsrelevant. Dazu benötigt es einen sozialen Prozess, der bestimmte biologische Merkmale in sogenannte soziale Positionen oder auch Kategorien einteilt. Ein Beispiel hierfür ist das Geschlecht. Für jeden scheint es klar zu sein, dass zwei Geschlechtertypen auf der Welt vertreten sind. Das ist zum einen der Mann und zum anderen die Frau. Doch was ist mit den Menschen, die ihr Geschlecht verändert haben? Darüber hinaus handelt es sich bei diesen zugeschriebenen Merkmalen um soziale Konstruktionen, die eher vom gesellschaftlichen Kontext statt von der „Natur der Sache" abhängig gemacht werden. Als Beispiel wird hier ein Mensch mit einer Sehbehinderung herangezogen. In der Zeit als es noch keine Brillen gab, war ein Mensch, der ohne Brille nichts sehen konnte, blind. In der heutigen Zeit ist dieser Mensch nicht mehr blind. Der Unterschied zwischen sozial konstruierten Positionen als „Blinder" und „Sehender" sind fundamental unterschiedlich (ebd. S. 17/18)

Zusammengefasst wird unabhängig von erworbenen oder zugeschriebenen Merkmalen dann von Determinanten sozialer Ungleichheit gesprochen, wenn es sich um Sozialkategorien handelt, die eine Zuweisung zu bestimmten sozialen Positionen einer Gesellschaft bewirken (ebd. S. 18).

(2) Dimensionen sozialer Ungleichheit sind Werte wie Einkommen, materieller Wohlstand, Macht, Prestige, Wohnbedingungen, Arbeits- und Beschäftigungs-verhältnisse, Gesundheitsbedingungen und andere zentrale Lebensbedingungen (ebd. S. 18).

Eine Dimension der sozialen Ungleichheit kann auch zu einer Ungleichheit bei einer anderen Determinante führen. So könnte beispielsweise die soziale Herkunft (Determinante) zur Bildungsungleichheit (Dimension) führen. Dies gilt allerdings nur bei erworbenen Merkmalen. Zugeschriebene Merkmale selbst können jedoch nicht Grund für eine Dimension sozialer Ungleichheit sein. Es kann also aus dem Geschlecht (Determinante) eine Ungleichheit resultieren, jedoch ist das Geschlecht selbst keine Ungleichheit. Denn erst durch die unter Punkt (3) aufgeführten sozialen Prozesse kann beispielweise das Geschlecht zu einer Form von Ungleichheit werden (ebd. S. 18f.).

(3) Ursachen sozialer Ungleichheit sind bestimmte soziale Prozesse oder auch soziale Mechanismen, die ihre Relevanz durch die Zugehörigkeit zu bestimmten Sozialkategorien erfahren. Diese Zugehörigkeit führt dann zwangsläufig zu Vor- bzw. Nachteilen in anderen Lebensbereichen (Dimensionen). Durch diesen Prozess entsteht und reproduziert sich also erst eine soziale Ungleichheit (ebd. S. 19).

Ausbeutungsverhältnisse, soziale Vorurteile oder Diskriminierung können Beispiele für Ursachen sozialer Ungleichheit sein. Merkmale von bestimmten Individuen wie beispielsweise Alter, Geschlecht, ethnische Zugehörigkeit oder Beruf werden erst dann Determinanten sozialer Ungleichheit, wenn sie durch systematische Vor- und Nachteile versehen werden. Es ist also erst einmal kein Nachteil eine Behinderung zu haben, doch wird die Verteilung von Menschen mit Handicap auf dem ersten Arbeitsmarkt betrachtet so stellt Solga fest, dass dort eine statistische Diskriminierung vorliegt. Genauso ist es erst einmal kein Nachteil eine Frau zu sein, doch wird der Anteil an Frauen in Führungspositionen näher betrachtet, so stellt Solga fest, dass statistisch gesehen eher Männer eine Führungsposition einnehmen. Es wird also von statistischer Diskriminierung gesprochen, wenn Entscheidungen über das einzelne Individuum auf Grundlage von Verhaltensannahmen bezüglich sozialer Gruppen getroffen werden (ebd. S. 19f.).

(4) Auswirkungen sozialer Ungleichheit sind letztlich die Konsequenz aus den sozial strukturierten Vor- und Nachteilen. Hier handelt es sich möglicherweise um weitere Ungleichheiten in bestimmten Lebensbedingungen wie beispielsweise soziale Netzwerke aber auch alltägliche Verhaltensweisen oder Lebensstile, die sich aus der jeweiligen Sicht der Dimensionen sozialer Ungleichheit ergeben. Beispielsweise kann Einkommensungleichheit eine Auswirkung von ungleichem Zugang zu Führungspositionen sein (ebd. S. 19).

2.4 Empowerment-Ansatz

Diese Arbeit verfolgt das Ziel, Menschen mit Handicap Chancen und Möglichkeiten aufzuzeigen, struktureller Benachteiligung einer Gesellschaft entgegenzuwirken. Ein Aspekt des positiven Entgegenwirkens struktureller Benachteiligung ist das Konzept des Empowerments. Dieses wird im folgenden Kapitel beschrieben.

Empowerment bedeutet wörtlich übersetzt die Selbstbefähigung, die Selbst-bemächtigung und die Stärkung von Eigenmacht und Autonomie. Der Begriff meint den Entwicklungsprozess, in dessen Verlauf Menschen die Kraft entwickeln sollen, ein „besseres Leben" zu führen. Klar wird aus dieser Definition, dass die Art und Weise, wie das Leben „optimal" zu leben scheint, individuell zu betrachten ist. So ist der Empowerment-Begriff erst einmal eine offene und normative Form. Im Text von Norbert Herringer wird sinnbildlich von einem Begriffsregal gesprochen, welches mit unterschiedlichen Grundüberzeugungen, Wertehaltungen und moralischen Positionen aufgefüllt werden kann (vgl. Herringer (2014): S. 13).

Die Praxis von dem Empowerment-Konzept verfolgt also das Ziel, vorhandene oder verlorengegangene Fähigkeiten der einzelnen Individuen so zu bekräftigen und Ressourcen zu fördern, dass diese ihnen helfen, eigene Lebenswege und Lebensräume autonom gestalten zu können (vgl. Lenz (2011): S. 13).

Essenzielle Begrifflichkeiten des Ansatzes sind die Nutzung der eigenen Ressourcen und das autonome Handeln, welche noch näher beleuchtet werden.

Zunächst ist es wichtig für den weiteren Verlauf dieser Arbeit zu erläutern, wie der Empowerment-Ansatz theoretisch fundiert ist.

Das Konzept des Empowerments lässt sich laut Norbert Herringer aus unterschiedlichen Perspektiven betrachten. Vorweg muss gesagt werden, dass alle vier Perspektiven als Gemeinsamkeit die Strebung nach „einem besseren Leben" haben.

Es hat zum (1) eine politische Aussagekraft. Also der konflikthafte Prozess der Umverteilung politischer Macht aus der Sicht der Menschen, die zuvor eine Position relativer Machtunterlegenheit zur Aneignung politischer Entscheidungsmacht besetzt haben (vgl. Herringer (2014): S. 14)

Aus dieser Perspektive wird das Ziel des Empowerments darauf gerichtet, durch politische Initiativen auf sich aufmerksam zu machen. Dies kann beispielsweise durch Kampagnen von Menschen mit Handicap geschehen.

Zweitens (2) hat dieses Konzept eine lebensweltliche Aussagekraft. Gemeint ist hier das Vermögen der Menschen, die Überschaubarkeit, Komplikationen und Belastungen des Alltags aus eigener Kraft zu bewältigen, eine eigenbestimmte Lebensregie zu führen und nach eigenem Empfinden gelingendes Lebensmanagement zu realisieren. Somit soll diese Sicht auf das Empowerment-Konzept nicht nur allein auf makropolitischer Ebene passieren, sondern auch, und das ist aus dieser Sicht entscheidender, aus mikropolitischer Sicht des Alltags betrachtet werden (ebd. S. 15).

Als dritter (3) Aspekt wird laut Herringer der Blick auf den reflexiven Aspekt gelegt. Also die Aneignung von Macht, Kraft und Gestaltungsvermögen der von Machtlosigkeit und Ohnmacht Betroffenen selbst. Beschrieben wird also der Prozess der Selbstaneignung von Lebenskräften, die bezwecken sollen, dass Menschen das Gehäuse der Abhängigkeit und Bevormundung verlassen. Vielmehr werden diese Individuen nun zu aktiv handelnden Akteuren, die für sich und andere Selbstbestimmung, Autonomie und Lebensregie erstreiten. Dies geschieht sowohl auf der Alltags-Ebene als auch auf politischer Ebene (ebd. S. 16).

Die vierte (4) Sichtweise ist die transitive. Damit ist die Unterstützung und Förderung von Selbstbestimmung durch andere gemeint. In den Fokus rücken hier die professionellen Helfer/innen, zu denen auch die Sozialarbeiter/innen gehören, die Hilfestellungen bei der Eroberung von Selbstbestimmung leisten. Sie unterstützen bei der Suche nach eigenen Stärken und ermutigen Menschen zur Erprobung von Selbstgestaltungskräften. Das Bereitstellen von Ressourcen ist hierbei ein wesentlicher Aspekt. Die transitive Sicht legt damit den Fokus auf das professionelle Umfeld Betroffener (ebd. S. 17).

Bei diesen unterschiedlichen Sichtweisen des Empowerments lässt sich feststellen, dass je nach Betrachtungsweise unterschiedlich definiert wird, was unter Empowerment zu verstehen ist. Alle Sichtweisen haben allerdings gemeinsam, dass es grundsätzlich um die Verbesserung des eigenen Lebensgefühls geht.

Diese erste Einordnung in die vier beschriebenen Zugänge zum Empowerment schafft noch keine vollständige Übersichtlichkeit der Theorie. Diese sprichwörtlichen „Schubfächer" dieser begrifflichen Sortierung vom Empowerment ergibt an vielen Stellen bestimmte Schnittmengen und die Übergänge lassen sich nicht klar definieren (ebd. S. 18)

Um die Unübersichtlichkeit der einzelnen Zugänge besser sortieren zu können, ist ein zweiter Schritt zwingend erforderlich. Die Einteilung in unterschiedliche Dimensionen.

Empowerment hat zwei Dimensionen. Zum einen die politische Dimension und zum anderen die Bedeutung als professionelles Konzept zur Unterstützung von Selbstbestimmung (ebd. S. 18).

In der politischen Dimension steht die Bürgerrechtsbewegung civil-rights-movement aus den USA an erster Stelle. Gemeint ist hierbei die radikale Politik der Selbstbemächtigung und die Forderung nach Gleichheitsrechten der farbigen Bevölkerung und die Friedensbewegung in den 1960er Jahren. Ebenfalls wichtig für diese Einordnung des Begriffs war die Frauenbewegung mit der Dekonstruktion von Machtungleichheiten zwischen den Geschlechtern. Aus diesen Bewegungen entstand durch einen Prozess der Selbstbemächtigung von Menschen, die von Ressourcen und Macht abgeschnitten waren, sich aber in kollektiver politischer Selbstorganisation in die Spiele der Macht eingemischt haben, ein Verständnis für Empowerment. Empowerment meint hier also ein kollektives Projekt, welches für die (Wieder-)Herstellung von politischer Selbstbestimmung, der Umverteilung von Entscheidungsmacht und die Korrektur von sozialer Ungleichheit definiert wird (ebd. S. 19).

Die Sicht auf die Bedeutung von einem professionellen Konzept zur Unterstützung von Selbstbestimmung beschreibt ein Handlungskonzept für eine Profession wie die Soziale Arbeit, welche die beschriebenen Prozesse der (Wieder-) Aneignung von Selbstgestaltungskräften anregen, unterstützen und fördern soll. Ressourcen sollen für die Empowerment-Prozesse bereitgestellt werden. Laut Herringer zielt dieser Teil des Empowerments also darauf ab, Menschen zu befähigen, ihre eigene, oftmals abhanden gekommene, Handlungsfähigkeit wiederzuerlangen (ebd. S. 19).

Was dies mit der Sozialen Arbeit zutun hat, wird im weiteren Verlauf dieser Arbeit erläutert.

Zusammengefasst gesagt, kann der Begriff Empowerment aus vielen Perspektiven betrachtet werden. Für den weiteren Verlauf dieser Arbeit ist wichtig zu wissen, dass Empowerment in unterschiedlichen Kontexten vertreten ist. Im Hinblick auf das Thema ist sowohl die politische Dimension, als auch die Bedeutung professioneller Unterstützung für den weiteren Verlauf entscheidend.

Empowerment dient als professionelles Konzept der Unterstützung von Selbstbestimmung (ebd. S. 19). Daher wird im folgenden Abschnitt der Begriff der Selbstbestimmung in vier Konzepte nach Waldschmidt gegliedert. Anschließend wird die Selbstbestimmungstheorie der Motivation nach Deci und Ryan beschrieben.

2.5   Vier Konzepte der Selbstbestimmung nach Anne Waldschmidt

Um im weiteren Schritt auf die Selbstbestimmungstheorie von Deci und Ryan einzugehen, wird vorher der Begriff Selbstbestimmung in vier Konzepte gegliedert.

Anne Waldschmidt hat im Zuge des heutigen Selbstbestimmungsbegriffs vier zentrale Konzepte vorgestellt, die nicht klar voneinander zu trennen und deren Grenzen fließend sind. Je nach Aussage treffen einzelne Begriffe eher oder weniger zu. Hier werden die vier Begrifflichkeiten „Selbstbeherrschung", „Selbst-instrumentalisierung", „Selbstthematisierung" und „Selbstgestaltung" unterschieden (vgl. Waldschmidt (2012): S. 51-52).

Selbstbeherrschung - Was soll ich tun?

Bei der Selbstbeherrschung beschreibt Waldschmidt den menschlichen Willen als Grundlage dieses Begriffes. Dieser menschliche Wille wird nicht von Trieben, Begierden und Interessen geleitet, sondern allein durch die Vernunft. Ein Individuum bildet sich eigene Gesetze, um diese dann auf sich selbst zu beziehen. Selbstbestimmung bedeutet hierbei die Autokratie auf selbst entworfene Zwecke. In diesem Fall meint der Begriff Bestimmung das Regieren über sich selbst.

Historisch betrachtet kommt dieser Begriff aus der frühen Moderne des sich entfaltenden Kapitalismus und beschreibt die Pflicht des Bürgers/ der Bürgerin ein anständiges Leben zu führen und den Aufbruch von personalen und politischen Abhängigkeitsverhältnissen (ebd. S. 53-54).

Selbstinstrumentalisierung – Was soll ich tun?

Der Begriff Selbstinstrumentalisierung erläutert ebenfalls die aus der Selbstbeherrschung beschriebenen Begrifflichkeiten der Vernunft, der Freiheit und der persönlichen Souveränität. Ein wesentlicher Unterschied zum Selbstbeherrschungsbegriff ist die technische Herangehensweise. Vor allem geht es hierbei um das rationale wirtschaften, den sparsamen Ressourceneinsatz, Eigentum und Profit, und um die Zweckmäßigkeit. Bestimmung meint hier nicht mehr herrschen, sondern nutzen. Das „Selbst" ist kein Souverän mehr, sondern persönliches Eigentum, welches zu unterschiedlichen Zwecken eingesetzt wird (ebd. S. 57-58).

Selbstthematisierung – Was soll ich tun?

Die beiden abschließenden Begriffe Selbstthematisierung und Selbstgestaltung beziehen sich nun weniger auf bürgerlich-liberale Traditionen einzelner, sondern resultieren aus den Zwängen der kapitalistischen Konsumgesellschaft. Selbstbestimmung wurde über einen längeren Zeitraum gesehen zu einer sozialpsychologischen, psychotherapeutischen und pädagogischen Leitidee. Angefangen mit der „Bestimmung" im Sinne von Selbstbeherrschung hingehend zur Bedeutungsverschiebung in dem das „Selbst" in den Mittelpunkt gerückt ist. Selbstbestimmung beinhaltet demnach nicht nur die politische und instrumentelle Vernunft eines Menschen, sondern auch die Frage nach seinem Wesen, seinem Sein und seiner Persönlichkeit, die er sein will (ebd. S. 63-64).

Selbstgestaltung – Was soll ich tun?

In dieser letzten Beschreibung der Selbstbestimmung wird die Konstruktion der Selbstgestaltung erläutert. Hier geht es um die Frage wer man sein möchte und wie man leben möchte. Diese Fragen werden in Zusammenhang mit Gesetzen und Verboten einzelner Individuen betrachtet. Es geht hierbei um die Frage wie die eigene Lebensgestaltung aussehen soll. Historisch gesehen basiert die Selbstgestaltung ebenfalls als Protest gegen den Kapitalismus. Eigenschaften des Kapitalismus wie Habgier, Neid oder Konkurrenz werden hierbei eher durch die Sorge um sich selbst überdeckt. Das Leben ist demnach ein kontinuierlicher Prozess (ebd. S. 68-70).

Zusammengefasst definiert Waldschmidt vier Konstruktionen von Selbstbestimmung, die zusammengesetzt ein Modell ergeben, welches den Selbstbestimmungsgedanken rekonstruiert. Im Konstrukt der Selbstbestimmung geht es um die Fragen „was soll ich tun?", „wer bin ich?" und „wie will ich leben?" (ebd. S. 74-75).

Im weiteren Abschnitt wird die Selbstbestimmungstheorie der Motivation nach Deci und Ryan näher beschrieben.

2.6 Selbstbestimmungstheorie der Motivation nach Deci und Ryan

Die Selbstbestimmungstheorie ist eine organismische, zu einem Organismus gehörende, und dialektische Theorie der menschlichen Motivation. Organismisch ist sie, weil sie von einer stetigen menschlichen Entwicklung ausgeht. Dialektisch ist sie, da es permanent zu einer interaktiven Beziehung zwischen dem organismischen Prozess und den Einflüssen durch die soziale Umwelt kommt (vgl. Deci u. Ryan (1993): S. 223).

Entscheidend in dieser Theorie ist der Begriff „Selbst". Die Entwicklung des „Selbst" wird durch die organismische Integration von Anfang an bestimmt. Essenziell hierbei sind die angeborenen psychologischen Bedürfnisse, die grundlegenden Fähigkeiten und Interessen eines Individuums. Das „Selbst" wird durch die Auseinandersetzung mit der sozialen Umwelt erweitert und verfeinert (ebd. S. 223).

Die Theorie von Deci und Ryan beschreibt die Selbstbestimmung auf dem Konzept der Intentionalität um auf Grundlage dieser das Verhalten bestimmter Individuen zu erklären. Individuen gelten als motiviert, wenn sie etwas erreichen möchten und mit einem bestimmten Verhalten einen bestimmten Zweck erfüllen wollen. Dazu gehört auch, dass ein geeignetes Mittel eingesetzt wird, um den gewünschten Zustand zu erreichen. Intentionale, also insofern motivierte Handlungen, gehen von einem Individuum aus, und richten sich dann entweder auf eine unmittelbar befriedigende Erfahrung beispielsweise ein bestimmter Sachverhalt wird als besonders spannend wahrgenommen oder auf ein längerfristiges Handlungs-erlebnis beispielsweise das Bestehen einer Prüfung aus (ebd. S. 224).

Einige Verhaltensmuster sind allerdings nicht motiviert und gehen somit nicht auf bestimmte Intentionen zurück. In dieser Theorie wird dann von den sogenannten „amotivierten" Verhaltensweisen gesprochen. Dazu gehören Verhaltensweisen, die kein bestimmtes Ziel verfolgen beispielsweise herumliegen oder dösen oder einem unkontrollierten Handlungsimpuls entspringen wie zum Beispiel Wutanfälle (ebd. S.224).

Motivierte Handlungen richten sich nach dem Grad ihrer Selbstbestimmung bzw. ihrem Grad an Kontrolliertheit. Einige Handlungen werden als frei gewählt erlebt, sie entsprechen den individuellen Wünschen und Bedürfnissen. Andere Handlungen wiederum werden beispielsweise durch andere Personen als aufgezwungen erlebt (ebd. S. 224).

In dem Ausmaß, in dem eine motivierte Handlung frei gewählt ist, gilt sie als autonom und selbstbestimmt. In dem Ausmaß, in dem sie aufgezwungen wahrgenommen wird, ist sie als kontrolliert und fremdbestimmt zu betrachten (ebd. S. 225).

Im Hinblick auf die Behindertenhilfe wird durch die Theorie der motivierten Selbstbestimmung deutlich, dass es in Interaktionen von Begleiter/innen und Menschen mit Handicap dazu kommen kann, dass bestimmte Verhaltensweisen der Menschen mit Handicap nicht autonom und frei gewählt sind.

Im nächsten Kapitel werden die Aspekte der eigenen Ressourcen und Resilienzfaktoren beschrieben, welche einen wesentlichen Bestandteil im Empowerment-Konzept haben.

2.7 Ressourcen und die Wichtigkeit für den Empowerment-Prozess

Ressourcen und gerade Copingressourcen sind im Hinblick auf einen gelingenden Empowerment-Prozess ein wichtiger Faktor.

Im weiteren Verlauf dieses Abschnittes wird der Fokus zunächst auf die Ressourcen und deren Bedeutung für den Empowerment-Prozess gelegt und im Anschluss die Wichtigkeit von Copingprozessen beschrieben.

Laut Albert Lenz wird der Begriff „Ressource" unterschiedlich verwendet und synonym mit den Begriffen „Stärken" und „Potenziale" gesetzt (vgl. Lenz (2011): S. 57).

Im Zusammenhang mit der geeigneten Definition für den Begriff „Ressource" gibt es unterschiedliche Autor/innen, die abweichende Meinungen zu diesem Thema haben. Für den weiteren Verlauf dieser Arbeit ist es wichtig den Fokus Ressourcen von Menschen mit Handicap zu legen.

Nestmann (1996) beschreibt Ressourcen folgendermaßen: „Letztlich alles, was von einer bestimmten Person in einer bestimmten Situation wertgeschätzt und/oder als hilfreich erlebt wird, kann als eine Ressource betrachtet werden" (Nestmann (1996): S. 362).

Eine andere Definition für den Begriff Ressource stellen Schiepek und Cremer (2003) auf. „Ressourcen `hat` man nicht nur, sondern aktiviert sie, nimmt sie wahr und entwickelt sie in Abhängigkeit von den jeweils relevanten Lebenszielen bzw. den das jeweilige Lebensstil-Szenario bestimmend, affektiv geladene Themen. Ressourcen sind so gesehen keine eingelagerten Dispositionen..., sondern aktive Konstruktionsleistungen unseres emotional geprägten Wahrnehmens und unseres individuellen und sozialen Handelns". (Schiepek u. Cremer (2003) S. 178 und 183).

Es gibt also unterschiedliche Betrachtungsweisen des Ressourcen-Begriffes. Entscheidend für den weiteren Verlauf dieser Arbeit ist die ressourcenorientierte Sichtweise der professionellen Unterstützer/innen im Umgang mit Menschen mit Handicap. Daher ist die Definition nach Nestmann passend für Herangehensweise an den Ressourcen-Begriff. Letztlich alles kann bei Menschen mit Handicap eine bestimmte Ressource darstellen.

Laut Hobfoll ist es für den erweiterten Blick auf Ressourcen, wie dieser im Empowerment-Ansatz vorgenommen wird, essenziell, objektive und auf den sozialen Kontext bezogene Ressourcen zu differenzieren. Er unterscheidet dabei folgendermaßen (Hobfoll (1998): zitiert nach Lenz (2011): S. 59):

- Objektressourcen Objektressourcen sind physischer Natur, beispielsweise Kleidung oder das eigene Auto. Diese Ressourcen werden nach äußerlichen Beschaffenheiten bewertet.

- Bedingungsressourcen Bedingungsressourcen beziehen sich auf die Lage, beispielsweise in Bezug auf den Familienstand, das Alter, die Gesundheit oder die berufliche Position. Sie haben einen besonderen Status, da sie den Zugang zu anderen Ressourcen eröffnen und diese miteinander verbinden. Besonders hierbei ist, dass sie oft eine hohe Investition erfordern und dann schnell verloren gehen können wie beispielsweise der Verlust der Partner/in.

- Persönliche Ressourcen Persönliche Ressourcen umfassen bestimmte Fähigkeiten und Eigenschaften. Ein Beispiel zu denen sind berufsbedingte Fähigkeiten, soziale Kompetenzen (Empathie oder Kontakte knüpfen) und Persönlichkeitseigenschaften. Damit sind beispielsweise Variablen zwischen Optimismus und Selbstwirksamkeit gemeint.

- Energieressourcen Energieressourcen finden sich wieder in Zeit, Geld oder Wissen. Beurteilt werden sie ob sie durch den Erwerb von anderen Ressourcen hilfreich sind. Beispielsweise kann durch materielle Ressourcen ein bestimmtes Repertoire an Ressourcen abgedeckt werden oder durch angeeignetes Wissen eine Prüfung erfolgreich absolviert werden. (ebd. S. 59).

Lenz spricht davon, dass bei erfolgreicher Nutzung dieser Ressourcen die Entwicklung „normal" verläuft. Bei Menschen mit Handicap kann es bei der Nutzung von diesen Ressourcen jedoch zu Störungen kommen (ebd. S. 59).

In der ressourcenorientierten Sicht steht die Annahme, dass Ressourcen Möglichkeiten darstellen sollen, um mit belastenden Lebensereignissen und persönlichen Problemen konstruktiv umgehen zu können. Ressourcen, und speziell Bewältigungs- und Copingressourcen, wirken bei Problemen und Störungen als möglicher Schutzfaktoren gegenüber risikoreichen und belastenden Lebenssituationen, wie beispielsweise auch struktureller Benachteiligung (ebd. S. 60).

Im Folgenden Abschnitt werden die Funktionen von Copingprozessen erläutert. Dieser Begriff ist ein wichtiger Bestandteil des Stressmodells von Lazarus, welches kurz erläutert wird.

2.8 Copingprozess

Coping oder auch Bewältigung beschreibt zunächst einmal in Anlehnung an Lazarus und Folkmann (1984) sich ständig verändernden kognitiven, emotionalen und aktionalen Bemühungen eines Individuums, die sich mit den Belastungen, kritischen Lebensereignissen und alltäglichen Herausforderungen auseinander-setzen. Die Bewältigung solcher Ereignisse hängt mit den Ressourcen eines Menschen zusammen (vgl. Lenz (2011): S. 63).

Das Stressmodell nach Lazarus (1984) zeigt auf, dass Ressourcen, Resilienzen und Copingprozesse in bestimmten Stresssituationen eines Menschen essenziell sind. Nach Lazarus wird im Bewältigungsprozess von bestimmten Stresssituationen eines Individuums zunächst beurteilt, wie herausfordernd oder bedrohlich die Situation ist. Wenn ein Individuum bemerkt, dass zwischen den Anforderungen an die eigene Person und dessen subjektiv betrachteten Fähigkeiten ein Ungleichgewicht entsteht, folgt auf den primären Bewältigungsprozess ein sekundärer. Hier wird eine Einschätzung der eigenen Ressourcen vorgenommen. Nun werden von der Person bestimmte Copingstrategien entwickelt und eigesetzt, um solche Bewältigungsprozesse positiv zu gestalten. Die Überprüfung der Handlungsergebnisse und dessen Ergebnis geht dann in den primären Bewertungsprozess mit ein (ebd. S. 63).

Im Copingprozess sind also sowohl bei der primären Einschätzung der Stressrelevanz als auch bei der sekundären Einschätzung der Copingpotenziale Ressourcen ein essenzieller Bestandteil (ebd. S. 63).

Hobfoll (1998) kritisiert dieses Stressmodell nach Lazarus (1984) in seiner Theorie der Ressourcenerhaltung. Seine Kritik lautet, dass in dem Stressmodell von Lazarus Belastungen und Stress ausschließlich als subjektiv wahrgenommene Diskrepanz zwischen Bewältigungsfähigkeit und Umweltfaktoren definiert wird, wobei eigentlich die individuelle Wahrnehmung dieser Diskrepanz betont wird. Die Bedeutung von sozialen Kontexten und verschiedener Umweltvariablen bleibt in der Definition von Lazarus (1984) sekundär (ebd. S. 64).

Im Ressourcenmodell von Hobfoll (1998) wird beschrieben, dass Menschen auf der einen Seite dazu neigen, die eigenen Ressourcen zu schützen und auf der anderen Seite neue aufzubauen. Stress tritt dann auf, wenn beispielsweise durch kritische Lebensereignisse der Verlust von Ressourcen droht oder eintritt. Ebenfalls tritt Stress auf, wenn Menschen in Ressourcen investieren, um diese zu vermehren und um den Ressourcenpool zu erweitern, aber trotzdem die eigenen Copingmöglichkeiten nicht steigern also kein angemessener Gewinn erzielt wird (ebd. S. 64).

Zwischenfazit:

In diesem Zusammenhang haben die Konzepte des Kohärenzgefühls und das Modell der Salutogenese eine große Bedeutung eingenommen. Diese werden im Verlauf dieser Arbeit nicht näher erläutert (ebd. S. 69).

Zusammengefasst kann gesagt werden, dass Soziale Ungleichheit von vielen unterschiedlichen Faktoren abhängig ist und in vielen Bereichen des Lebens auftauchen kann.

Gerade Menschen mit Handicap sind betroffen von den Folgen sozialer Ungleichheit und haben oftmals nicht die Möglichkeit aus eigener Kraft diesem gesellschaftlichen Phänomen zu entkommen. Daher gibt es im Zuge der Behindertenarbeit Möglichkeiten für professionelle Helfer/innen eine geeignete, individuell auf die Betroffenen abgestimmte, Unterstützung anzubieten.

Wie diese Unterstützung in der Praxis aussehen kann, wird im folgenden Abschnitt genauer erläutert.

3 BEHINDERUNG ALS SOZIALE UNGLEICHHEIT?

Im folgenden Abschnitt wird beschrieben, inwiefern die Soziale Arbeit ein Faktor für eine positive Entwicklung struktureller Benachteiligung von Menschen mit Handicap sein kann.

Soziale Arbeit versucht gesellschaftlich hervorgebrachte soziale Probleme wie Armut, ungerechte Verteilung des Reichtums und strukturierter Benachteiligung gerade von Menschen bestimmter Randgruppen zu bekämpfen (vgl. Hildebrandt (2004): S. 119).

Soziale Ungleichheit ist ein soziales Phänomen, welches heute faktisch und sozial verankert ist. Aus der soziologischen Sicht ist die Frage danach, wie aus sozialer Heterogenität die Problematik der Ungleichheit entstehen kann (ebd. S. 119).

Im Kontext struktureller Benachteiligung von Menschen mit Handicap ist es essenziell, sich zunächst mit den rechtlichen Aspekten von Menschen mit Handicap auseinanderzusetzen. Welches Recht haben also Menschen mit Handicap im Zuge struktureller Benachteiligung durch die Gesellschaft?

3.1 Das Recht von Menschen mit Handicap auf Inklusion

Im Zusammenhang mit der Sozialen Ungleichheit im Rahmen der Behindertenhilfe steht das Recht auf Inklusion. Diese Frage kann im Leben von Menschen mit Handicap an unterschiedlichen Stellen auftreten. Lebensweltlich gesehen kann es da zu folgenden Beispielen kommen. Die Wahl des Arbeitsplatzes, die Teilhabe in einem Verein oder die Wahl des Zuhauses (vgl. Felder (2010): S. 11)

Die Frage nach dem moralischen Recht auf Inklusion für Menschen mit Handicap ist aus zwei Gründen interessant. Zum einen ist Inklusion ein Wert und zum anderen involvieren moralische Werte auch besonders starke moralische Ansprüche. Die Soziale Arbeit zieht einen Großteil ihrer Arbeit aus der Legitimität ihres Handelns, ob und wie sie Inklusion sozial benachteiligter Menschen fördern kann. Wenn Menschen aus gesellschaftlichen Randgruppen also ein Recht auf Inklusion haben, dann stehen andere Menschen wie beispielsweise Sozialarbeiter/innen in der Pflicht gegenüber betroffenen Personen (ebd. S. 15).

3.2 Selbstbestimmung bei Menschen mit Handicap aus rechtlicher Perspektive

„Alle Menschen sind vor dem Gesetz gleich." (zit. aus Art.3 Abs1 GG)

Dieses Grundrecht legt also fest, dass alle Menschen vor dem Gesetz gleichzustellen sind. Ebenfalls festgelegt ist in diesem Artikel,

> „Niemand darf wegen seines Geschlechtes, seiner Abstammung, seiner Rasse, seiner Sprache, seiner Heimat und Herkunft, seines Glaubens, seiner religiösen oder politischen Anschauungen benachteiligt oder bevorzugt werden. Niemand darf wegen seiner Behinderung benachteiligt werden." (zit. aus Art.3 Abs 3 GG)

Festzuhalten ist, dass niemand wegen seiner Behinderung benachteiligt werden darf.

Internationale Übereinkommen wie die Behindertenrechtskonvention befassen sich im Bezug auf Menschen mit Handicap auf die internationale Gesetzgebung.

Die Behindertenrechtskonvention (BRK) beinhaltet neben der Bekräftigung allgemeiner Menschenrechte auch die Rechte speziell für Menschen mit einem Handicap. Zweck dieses Übereinkommens ist es, die Chancengleichheit für Menschen mit Handicap zu stärken (vgl. Behindertenrechtskonvention, 2020).

National betrachtet werden im Gesetz zur Gleichstellung von Menschen mit Behinderung-Behindertengleichstellungsgesetz (BGG), basierend auf dem Artikel 8 Absatz 4 der Bundesverfassung, die Maßnahmen zur Beseitigung von Ungleichheiten von Menschen mit Handicap bestimmt (vgl. Behinderten-gleichstellungsgesetz S. 1).

Die Integration von Menschen mit Handicap ist ein gesamtgesellschaftlicher Auftrag, der in der aktuellen Sozialgesetzgebung verankert ist. Das Sozialgesetzbuch IX regelt die Teilhabe und Rehabilitation von Menschen mit Handicap in rechtsverbindlicher Form mit der Zielsetzung, dass Menschen mit Handicap gleichberechtigte Chancen zur Teilhabe in der Gemeinschaft haben und ihr Leben somit selbstbestimmt gestalten können (vgl. Dobslaw (2006): S. 87).

Im Zuge der Behindertenhilfe gibt es noch weitere rechtliche Aspekte, die jedoch für den weiteren Verlauf dieser Arbeit nicht relevant sind.

Zusammengefasst kann gesagt werden, dass Menschen mit Handicap ein Recht auf Gleichberechtigung in der Gesellschaft haben.

Im nächsten Schritt wird die Soziale Ungleichheit und Selbstbestimmung bei Menschen mit Handicap aus sozialarbeiterischer Perspektive beschrieben.

3.3 Soziale Ungleichheit und Selbstbestimmung aus sozialarbeiterischer Perspektive

In diesem Abschnitt soll es darum gehen, inwieweit es in der Profession Soziale Arbeit verankert ist, sozialer Ungleichheit von Menschen mit Handicap entgegenzuwirken. Wichtig dabei ist, dass es in der Sozialen Arbeit einen Auftrag gibt, der die Frage aufwirft, welches Handeln und Wissen Menschen mit Handicap auf der Basis von Rechten eingefordert werden können, und welches Handeln und Wissen aus anderen Gründen verfügbar gemacht wird (vgl. Felder (2010): S. 277).

Essenziell für die Beantwortung dieser Frage ist das Recht von Menschen mit Handicap auf Inklusion. Das Recht auf Nicht-Diskriminierung, das Recht auf gesellschaftliche Inklusion und das Recht auf die Ermöglichungsbedingungen (ebd. S. 277ff.).

Das Recht auf Ermöglichungsbedingungen zeigt sich auf unterschiedlichen Ebenen. Auf der individuellen Ebene, der interpersonalen Ebene, der Ebene externer Ressourcen und auf der Ebene von Strukturen. Ebenfalls kommt der Staat als Rechtsobjekt seiner Pflicht der Inklusion nach (ebd. S. 278).

Für diese Arbeit ist entscheidend, dass Möglichkeiten für einen professionellen Umgang mit Menschen mit Handicap aufgezeigt werden. Inwieweit kann die Soziale Arbeit also Hilfestellung für die positive Mitgestaltung von Menschen mit Handicap an unserer Gesellschaft leisten.

3.4 Empowerment als Leitlinie der Sozialen Arbeit

In diesem Kapitel soll es um den Empowerment-Prozess in der Praxis der Sozialen Arbeit gehen.

Wie bereits in Kapitel 2.4 erläutert wurde, geht es in der praktischen Ausführung vom Empowerment um das Ziel, vorhandene und verlorengegangene Fähigkeiten und Fertigkeiten einzelner Individuen zu bekräftigen und Ressourcen zu fördern (vgl. Lenz (2011): S. 13).

Wie kann also die inhaltliche Gestaltung von Empowerment in der Sozialen Arbeit aussehen?

Bereits in der diagnostischen Phase einer professionellen Arbeit mit betroffenen Personen stellt Armin Sohns drei wesentliche Grundprämissen auf (vgl. Sohns (2007): S. 81).

Die erste Prämisse ist die Subjektorientierung (1). Dies meint die Anerkennung der Unterstützer/innen gegenüber der Einzigartigkeit der betroffenen Person. Unterstützer/innen nehmen diese bewusst wahr und treten ihr mit Respekt gegenüber. Das bedeutet nicht, dass diese kritiklos übernommen wird (vgl. z.B. Speck (2001): S. 25; Herringer (2002): S. 74f., Keupp (2002): S. 87: zitiert nach Sohns (2007): S. 81f.).

Die zweite Prämisse ist die Umfeldorientierung (2). Hierzu gehört neben der Suche nach möglichen ressourcenstärkenden und -hemmenden Faktoren auch die aktive Einflussnahme von möglichen Veränderungen dieser. Angelehnt ist diese Idee an Konzepten wie der Lebensweltorientierung nach Thiersch (vgl. Sohns (2007): S. 82).

Die dritte Prämisse im erfolgreichen Arbeiten durch den Empowerment-Ansatz ist nach Armin Sohns die Partnerschaftlichkeit (3). Das bedeutet, dass betroffene Personen und Unterstützer/innen sich gleichberechtigt gegenüberstehen. Unterstützer/innen stehen dabei oftmals in Widersprüchen mit dem gesellschaftlichen und staatlichen Rahmen, der in der Regel durch den Arbeitgeber repräsentiert wird. Dies wurde in Kapitel 2.7 näher erläutert (ebd. S. 82).

Wie genau sieht der Empowerment-Prozess nun in der Praxis der Sozialen Arbeit aus?

Zunächst einmal ist es wichtig zu wissen, dass Methoden des Empowerment-Ansatzes individuell entwickelt und eingesetzt werden (ebd. S. 86).

Auf der individuellen Ebene sollen Methoden zunächst dazu beitragen, dass ein mögliches Gefühl von „erlernter Hilflosigkeit" der betroffenen Person innerhalb einer Vereinbarung/ Kontrakt zu einem erhöhten Selbstständigkeitsgefühl und gelingender Alltagsbewältigung führt. Die ersten Schritte hierbei sind (ebd. S. 87):

- Erstdiagnostik bestehender und möglicher Ressourcen: Hier geht es darum, verschüttete Potentiale der betroffenen Person offen zu legen. Individuell angepasst können hier standardisierte Testverfahren eingesetzt werden. Viel wichtiger ist aber das offene Beratungsgespräch mit erfolgreichen anamnestischen/biographischen Fragen.

- Verlaufsdiagnostik: Fließend geht die Erstdiagnostik dann in die Verlaufsdiagnostik über, in der Stärken und dessen Aufdeckung erkannt werden und schrittweise Potentiale sichtbar gemacht werden.

- Hilfeplanung: Die angestrebten Schritte und Ziele gehen anschließend in die Hilfeplanung über, in der dann der Kontrakt zwischen Unterstützer/in und betroffener Person geschlossen wird. Hier wird also das Dienstleistungsverhältnis festgelegt.

- Prozess begleitend reflektiert: Die gesetzten Ziele und Ressourcen im Hilfeplan werden dann im fortlaufenden Austausch zwischen Unterstützer/in und betroffener Person thematisiert. Mögliche Hindernisse werden aufgedeckt und neue Zugangswege erschlossen.

- Ressourcennetzwerk konstruiert und stabilisiert: Durch die Ressourcenentwicklung wächst bei der betroffenen Person die Fähigkeit und Bereitschaft, sich je nach Bedarf Unterstützung, Entlastung und Austausch zu suchen oder selbst anzubieten. Diese Netzwerke bieten dann möglicherweise einen Schutz vor möglichen strukturellen Benachteiligungen.

So kann laut Sohns ein geeignetes Verfahren des Empowerment-Konzeptes gestaltet werden. Wichtig hierfür ist, dass die Unterstützer/innen hierbei zu einer Ansprechperson werden und einen stärkenden Lebensrahmen für die betroffene Person bieten. In der Literatur ist dazu die Funktion des „case-manager" beschrieben (ebd. S. 88).

3.5 Ressourcenaktivierung und Ressourcendiagnostik

In diesem Abschnitt wird die Aktivierung personaler Ressourcen erläutert und inwiefern eine individuell angepasste Ressourcendiagnostik zu einem positiven Ergebnis im Empowerment-Prozess führen kann.

Zunächst einmal hängt die Bewältigung von belastenden Lebenssituationen und persönlichen Problemen von der Verfügbarkeit personaler und sozialer Ressourcen ab. Starke Ressourcen befähigen ein Individuum vorhandene Problematiken und Belastungen erfolgreich zu bewältigen. Ein schwaches Repertoire erhöht hingegen die Vulnerabilität einzelner Individuen und damit auch das Erkrankungs- bzw. Rückfallrisiko. Ziel der Ressourcenaktivierung aus professioneller Sicht ist es also Bewältigungsressourcen von Betroffenen zu stärken und damit eine Grundlage für wirksames Coping-Handeln (Kap. 2.6.1) zu erzeugen (vgl. Lenz (2011): S. 203).

Gerade im Bezug auf die unterschiedlichen Handlungsfelder der Sozialen Arbeit erscheint es für Norbert Herringer wichtig zu sein, dass der Begriff Ressource über den Horizont des bedürfnis- und entwicklungspsychologischen Denkens hinaus geht und die Bearbeitung von strukturellen Alltagsbelastungen und die Verwirklichung von Lebenszielen mit einbezieht (vgl. Herringer (2006): S. 3).

In dieser Arbeit soll es darum gehen, von sozialer Ungleichheit betroffene Menschen wie beispielsweise Menschen mit Handicap, dahingehend zu bekräftigen, mit Problemen des Alltags autonom umgehen zu können. Professionelle Unterstützung durch Sozialarbeiter/innen soll also mit einem Anteil dazu beitragen, Menschen mit Handicap in der Bewältigung von Problemen zu unterstützen. Bewusst ist, dass es nicht das eine Konzept gibt, welches auf gesamtgesellschaftliche Problematiken von Menschen mit Handicap anwendbar ist. In der einzelnen Arbeit mit Betroffenen ist dieses Konzept des Empowerments ein Leitfaden für die professionelle Unterstützung.

Worauf zielt die Ressourcenaktivierung bei Betroffenen ab?

Bei der Aktivierung personaler Ressourcen steht laut Lenz die Stärkung des Selbstwertgefühls und der Selbstwirksamkeitserwartung im Vordergrund. Selbstwert und Selbstwertgefühl ist die Gesamtheit aller affektiven Urteile einer Person über sich selbst. Selbstwirksamkeit bezeichnet Bandura (1986) als die Erwartung einer Person in einer bestimmten Situation auf Grundlage der vorhandenen Fähigkeiten ein spezifisches Verhalten ausführen zu können, das zu einem gewünschten Ergebnis oder Zustand führt (vgl. Lenz (2011): S. 203).

Laut Grawe (1998) kommt es bei der Aktivierung von Ressourcen zu einer professionellen Hilfebeziehung, die sich wechselseitig beeinflusst (Grawe (1998): zitiert nach Lenz (2011): S. 211).

Lenz beschreibt eine solche Beziehung basierend auf Merkmalen wie positive Wertschätzung, Respekt, Empathie, Interesse und Engagement. Essenziell dabei ist, dass diese Beziehung nicht durch ein Machtgefälle charakterisiert wird, sondern durch einen kooperativen und partnerschaftlichen Prozess, der durch einen Dialog der Unterstützerin/ des Unterstützers und des Betroffenen/ der Betroffenen versehen ist (ebd. 211).

Um im weiteren Schritt näher auf die Methoden zur Ressourcenaktivierung einzugehen muss zunächst gesagt werden, dass die Ressourcendiagnostik in einem ressourcenorientierten Setting eine Grundvoraussetzung ist. Laut Schiepek u. Cremers (2003) und den Ergebnissen der geleisteten Forschungsarbeit stellt sich jedoch heraus, dass sich die Theorie und die Praxis dahingehend noch weiter annähern müssen (Schiepek u. Cremers (2003): zitiert nach Lenz (2011): S. 203ff.).

Herringer beschreibt, dass nur in wenigen Einrichtungen der Sozialen Arbeit ein spezifisches Instrumentarium der Ressourcendiagnostik verfügbar ist. Der diagnostische Blick gilt vor allem für die Defizitanalyse der Betroffenen. Was laut Herringer fehlt, sind gebrauchsfertige Erhebungsinstrumentarien, die bestimmte Ressourcen der Betroffenen in strukturierter Form erfassen und in die Hilfeplanung mit einbeziehen (vgl. Herringer (2006): S. 1).

Im Kontext der Empowerment-Arbeit wird die Ressourcendiagnostik laut Norbert Herringer an drei Orten stattfinden (ebd. S.1).

- In der Erstdiagnostik und Hilfeplanung: Hier hat die Empowerment-Arbeit das Ziel, die Bewältigungsressourcen des Betroffenen systematisch in den Hilfeprozess mit einzubeziehen und gleichermaßen lebensgeschichtlich verschüttete Ressourcen erneut aufzufinden und zugänglich zu machen. In Bezug auf das Erstgespräch und der anschließenden Hilfeplanung ist also eine genaue Vermessung von Ressourcen unabdingbar.

- Prozessbegleitende Reflexion: Über die Hilfeplanung hinaus kann die Ressourcendiagnostik als Instrument der Verfahrensevaluation geltend gemacht werden. Sie eignet sich als praktische Reflexionshilfe in der Interaktion von Betroffenen und Unterstützer/innen um das aktuelle Ressourcensetting zu visualisieren, die bereits eingetretenen Veränderungen zu dokumentieren, Hindernisse im Zugang zu Ressourcen zu reflektieren und das weiterführende Hilfeverfahren zu organisieren.

- Evaluation und Qualitätsdokumentation: In der abschließenden Fallevaluation dient das Verfahren der Ressourcendiagnostik zur Abschätzung von Ressourcenentwicklungen also qualitative und quantitative Veränderungen. Anhand dieser Daten wird die Konstruktion und Stabilisation von Ressourcennetzwerken möglich gemacht. Der/die Betroffene soll hierbei nach möglicher Beendigung des institutionellen Auftrages, lebensweltlich-sozial geschützt sein.

Laut Herringer ist es von hoher Bedeutung, dass eine erfolgreiche Diagnostik von Ressourcen der Betroffenen essenziel für eine geeignete Unterstützung im Rahmen der Behindertenarbeit ist. Der Blick muss vom defizitorientierten Individuum auf die Ressourcen des Individuums gelegt werden.

Der Literatur ist zu entnehmen, dass es unterschiedliche Konzepte gibt, um Ressourcen des betroffenen Individuums herauszuarbeiten und zu stärken (vgl. Lenz (2011): S. 204).

Im folgenden Abschnitt werden Methoden beschrieben, die in der Sozialen Arbeit angewandt werden können, um Ressourcen von Betroffenen herauszuarbeiten. Wichtig für diese Arbeit ist, dass Möglichkeiten aus sozialarbeiterischer Perspektive aufgezeigt werden, um ein positives Ergebnis in der ressourcenorientierten Interaktion mit Menschen mit Handicap zu erzielen.

3.6 Methoden der Ressourcendiagnostik aus sozialarbeiterischer Perspektive

Zunächst einmal stellt Albert Lenz fest, dass es bislang nur wenig strukturierte Instrumente zur Ressourcendiagnostik vorliegen (ebd. S. 209).

Norbert Herringer (2006) beschreibt die von Schiepek u. Cremer (2003) entstandenen Instrumentarien der Ressourcendiagnostik als wichtigen Bestandteil in der professionellen Arbeit mit Betroffenen.

Diese Instrumentarien finden sich in ausgeprägter Form im klinischen Setting wieder, jedoch sind diese auch auf pädagogische Settings anwendbar.

Schiepek und Cremer (2003) erläutern zwei unterschiedliche Instrumentarien der Ressourcendiagnostik. Zum einen das Offene „Ressourceninterview" und zum anderen das geschlossene Verfahren „Kompetenzinventar" (Schiepek u. Cremer (2003): zitiert nach Herringer (2006): S. 6).

Das offene Verfahren soll drei Kriterien erfüllen. Zum einen (1) um dieses diagnostische Verfahren dem Betroffenen selbst als praktische Reflexionshilfe für die eigene Ressourcensituation zu dienen. Zum zweiten (2) sollte es zur Abschätzung von quantitativen und qualitativen Ressourcenveränderungen im Rahmen der Behandlungsevaluation brauchbar sein. Zum dritten (3) soll es nicht allein auf klinische Anwendungen bezogen werden, sondern auch im pädagogischen Setting wie in der Sozialen Arbeit anwendbar sein (Schiepek u. Cremer (2003): zitiert nach Herringer (2006): S. 6).

Schiepek und Cremer (2003) verzichten dabei auf den Einsatz von standardisierten Ressourcen-Checklisten, und richten den Fokus eher auf die konkret individuell wahrgenommenen und erlebten Ressourcen. Also auf Ressourcen, zu denen die Betroffenen einen bewussten kognitiven und emotionalen Zugang haben (Schiepek u. Cremer (2003): zitiert nach Herringer (2006): S. 7).

Es wird ein offener Zugang zu bestimmten Ressourcen hergestellt. Dafür wählen sie ein entsprechendes Verfahren: das offene Ressourceninterview.

Dieses Interview dient als „offene Einladung zur Selbstreflexion" und soll die Betroffene/ den Betroffenen animieren, die aktuellen Lebensherausforderungen oder Problematiken zu vergegenwärtigen, die verfügbaren Ressourcen zu benennen und nach bestimmten Gesichtspunkten zu bewerten (Schiepek u. Cremer (2003): zitiert nach Herringer (2006): S. 7).

Dieses Interview kann abschließend in zwei Phasen gegliedert werden. Anfangs steht die biographische Erzählung des Betroffenen im Mittelpunkt, in der er/sie über relevante personale und soziale Ressourcen berichtet. Im Schritt danach folgt dann die differenzierte Einschätzung und Bewertung der eingangs erwähnten Ressourcen durch die Betroffene/ den Betroffenen selbst (Schiepek u. Cremer (2003): zitiert nach Herringer (2006): S. 7).

Das zweite Instrumentarium ist ein geschlossenes Verfahren. Das Kompetenzverfahren wurde im Jahr 2003 durch den Landschaftsverband Rheinland für den institutionellen Bereich des „Betreuten Wohnens" für Menschen mit Handicap eingeführt. Vorweg muss hinzugefügt werden, dass dieses Projekt ein Leitfaden für unterschiedliche Handlungsfelder der Sozialen Arbeit ist. Dennoch gibt es noch Aspekte, die weiterentwickelt werden müssen (Schiepek u. Cremer (2003): zitiert nach Herringer (2006): S. 9).

Bedeutung findet dieses Instrumentarium im Rahmen der Antragstellung und der darauffolgenden individuellen Hilfeplanung. Es dient somit als Entscheidungsgrundlage für die Kostenübernahme, wie auch für den pädagogischen Leitfaden der Entwicklungs- und Unterstützungshilfen für die Einrichtung (Schiepek u. Cremer (2003): zitiert nach Herringer (2006): S. 9).

Nach der Kennenlernphase des Betroffenen findet ein diagnostisches Gespräch zwischen der Unterstützerin/ dem Unterstützer und der betroffenen Person statt. Dort wird dann eine umfassende Erhebung der individuellen Fähigkeiten und Beeinträchtigungen, der subjektiven Lebensziele und notwendigen Unterstützungsbedarfen festgehalten. Der Fokus dieses Dialoges liegt auf einem geschlossen-strukturierten Kompetenzinventar, welches differenziell und operational auf Fähigkeiten und Ressourcen, sowie auf „Störungen und Beeinträchtigungen" der betroffenen Person hinweist (Schiepek u. Cremer (2003): zitiert nach Herringer (2006): S. 9).

Folgende Kompetenzbereiche sind mit aufgeführt (Schiepek u. Cremer (2003): zitiert nach Herringer (2006): S. 9):

- Alltägliche Lebensführung
- Individuelle Basisversorgung
- Gestaltung sozialer Beziehungen
- Teilhabe am kulturellen und gesellschaftlichen Leben

Dieses Instrumentarium hat laut Herringer (2006) sowohl Vor- als auch Nachteile. Nachteile sind, dass es sehr zeitaufwändig ist und im pädagogischen Alltag kaum durchzuführen ist. Ein Vorteil ist, dass der Blick auf die Stärken, die Fähigkeiten und die Talente der Individuen gelegt wird und diese auch systematisch verankert werden (Schiepek u. Cremer (2003): zitiert nach Herringer (2006): S. 9).

Die Ressourcendiagnostik nimmt in der Behindertenarbeit einen immer höheren Stellenwert ein. In der Praxis der Sozialen Arbeit wird der Fokus immer mehr auf die Ressourcenorientierung gelegt. Die Praxis der Sozialen Arbeit findet jedoch wenig konkrete Instrumentarien, um eine zielführende Ressourcendiagnostik anzuwenden.

Im folgenden Abschnitt werden bestimmte Strategien erläutert, die zu einem positiven Ergebnis von Ressourcenaktivierung beitragen können.

3.7 Strategien zur Aktivierung personaler Ressourcen

Mögliche Strategien für eine erfolgreiche Ressourcenaktivierung betroffener Personen sind zum einen die Kommunikativen und zum anderen die systemisch-lösungsorientierten Strategien (vgl. Lenz (2011): S. 212ff.).

Hier soll es also um bestimmte Fähigkeiten und Fertigkeiten von professionellen Unterstützer/innen gehen, die in der Interaktion zur betroffenen Person Anwendung finden.

Die kommunikative Strategie zur Aktivierung personaler Ressourcen ist laut Grawe (1998) auf der Ebene der Kommunikation in zwei Ebenen aufgeteilt. Zum einen in die prozessuale Aktivierung und zum anderen in die inhaltliche Aktivierung (Grawe (1998): zitiert nach Lenz (2011): S. 212).

In der prozessualen Aktivierung geht es darum, das Beziehungsangebot zwischen Unterstützer/in und betroffener Person auf Grundlage der Neigungen, Präferenzen und Reaktionsbereitschaften der Betroffenen zu gestalten. Die Stärken werden hierbei in der Regel nicht explizit thematisiert und herausgearbeitet (vgl. Lenz (2011): S. 212).

Grawe und Grawe-Gerber (1999) haben dies anhand folgender Beispiele deutlich gemacht (Grawe u. Grawe-Gerber (1999): zitiert nach Lenz (2011): S. 212):

Die Unterstützerin/ der Unterstützer wandelt eine von der betroffenen Person als negativ bewertete Eigenschaft in eine positive um. Beispielsweise berichtet die betroffene Person von seinem/ihrer rationalen und strukturierten Denkweise, die für mangelnde Gefühlsäußerungen und Gefühlserleben sorgt. Der/Die Unterstützer/in wandelt diese vermeidliche Schwäche in eine Stärke um (Grawe u. Grawe-Gerber (1999): zitiert nach Lenz (2011): S. 212).

Die inhaltliche Aktivierung von personalen Ressourcen ist in der Praxis eng mit der prozessualen Aktivierung verknüpft. In der inhaltlichen Aktivierung wird der Fokus im Gespräch auf die Stärken, Fähigkeiten und Kompetenzen gelegt. Diese werden explizit als Gegenstand des Gesprächs verwendet. Als schwierig erweist sich diese Form der Aktivierung, wenn die betroffene Person und Unterstützer/in bei der Bewertung von Stärken, Fähigkeiten und Kompetenzen unterschiedlicher Meinung sind. Durch das ständige Hervorheben einer Ressource kann diese dann jedoch auch als mögliche Perspektive der betroffenen Person angesehen werden (Grawe u. Grawe-Gerber (1999): zitiert nach Lenz (2011): S. 214).

Der systemisch-lösungsorientierte Ansatz legt den Fokus nicht auf das Diagnostizieren von Problemgeschichten im traditionellen „problem talk", sondern setzt im Sinne konstruktiver Sprachspiele „solution talk" Stärken, Kompetenzen und Fähigkeiten frei. Diese werden gemeinsam entdeckt, identifiziert, benannt, gestärkt und in einen Kontext transferiert, in dem sie bislang noch nicht zur Verfügung standen (vgl. Lenz (2011): S. 214).

De Jong und Berg (2005) haben zur Identifizierung von Ressourcen folgende Fragetechniken entwickelt (vgl. de Jong u. Berg (2005): zitiert nach Lenz (2011): S. 215).

Die erste Fragetechnik ist die sogenannte Wunderfrage. Diese Frage zielt auf imaginative Fähigkeiten ab und soll bei dem eingeschränkten Denkvermögen bei der Lösungssuche unterstützen. Oftmals lassen Menschen sich aufgrund bestimmter Krisen im Leben davon abhalten, ihren alltäglichen Aktivitäten nachzugehen. Gerade im Bezug auf Menschen mit Handicap kann festgestellt werden, dass sie oftmals bedingt durch gesellschaftliche Strukturen in ihrer eigenen Welt leben. Die Vorstellung von Wundern kann ein Gefühl vermitteln, welches Hindernisse überwindbar erscheinen lässt. Wunderfragen können wie folgt gestellt werden (vgl. de Jong u. Berg (2005): zitiert nach Lenz (2011): S. 215:

- „Angenommen, während Sie nachts schlafen passiert ein Wunder und die Probleme sind gelöst, ohne dass Sie dies gemerkt haben. Woran werden Sie am nächsten Tag (und in den folgenden Wochen) merken, dass das Wunder passiert ist? Was werden sie ersten Anzeichen sein?" (Lenz (2011): S. 215)

Andere Fragetechniken sind die Ausnahmefragen, die Skalierungsfragen und die Bewältigungsfragen (vgl. de Jong u. Berg (2005): zitiert nach Lenz (2011): S. 215ff).

Die Stärkung von identifizierten Ressourcen ist ein essenzieller Bestandteil in der ressourcenorientierten Arbeit. Betroffenen Personen fällt es oftmals schwer, ihre eigenen Ressourcen und Kompetenzen zu schätzen und anzunehmen. Oftmals werden diese übersehen oder nur geringfügig bewertet. Die Aufgabe der Unterstützer/innen sollte hierbei sein, gezielt die Fähigkeiten hervorzuheben (vgl. Lenz (2011): S. 216).

De Jong und Berg (2005) haben dazu folgende Strategien beschrieben (vgl. de Jong u. Berg (2005): zitiert nach Lenz (2011): S. 217):

- Zusammenfassen: Beim Zusammenfassen ist es entscheidend, der betroffenen Person in bestimmten Zeitabständen Rückmeldung über die genannten Handlungen, Gedanken und Gefühle zu geben. Schlüsselbegriffe sollten hierbei aufgenommen und zusammengefasst werden. Das Zusammenfassen hat den Zweck, die betroffene Person anzuleiten noch mehr zu erzählen, indem die Gedanken von dem/der Unterstützer/in korrigiert, überprüft oder ihnen noch weitere Aspekte hinzugefügt werden.

- Paraphrasieren: Paraphrasieren meint die kurze Zusammenfassung von dem Gesprochenen der betroffenen Person. Dies dient dazu, dass Gespräch in eine konstruktive Richtung zu lenken.

- Komplimente machen: Komplimente können gemacht werden, um die Aufmerksamkeit der Person auf Stärken und Erfolge der Vergangenheit zu richten.

Die Stärkung des Transferprozesses meint die Übertragung von Ressourcen von einem Kontext in einen anderen Kontext. Betroffene Personen werden angehalten, Ressourcen, die in einem bestimmten Lebenskontext als hilfreich wahrgenommen werden, auf einen anderen Kontext zu transferieren. Dies kann durch folgende Techniken unterstützt werden (vgl. Lenz (2011): S. 218ff.):

- Zirkuläres Fragen: Diese Methode basiert auf der Grundlage, dass in der systemischen Arbeit das Verhalten in einem sozialen System auch als kommunikatives Angebot wahrgenommen wird (vgl. von Schlippe u. Schweitzer (2009): zitiert nach Lenz (2011): S. 219). Die Verhaltensweisen sind also nicht einzig auf die ablaufenden Ereignisse des Individuums zu betrachten, sondern auch in der wechselseitigen Beziehungsdefinition. Der Fokus wird dabei nicht auf die Person gelegt, die eine Botschaft sendet, sondern auf die Person, die eine solche Botschaft empfängt (vgl. von Schlippe u. Schweitzer (2009): zitiert nach Lenz (2011): S. 219).

Zirkuläre Fragen können also so aussehen: „Was tut Ihr Mann/ Ihre Frau, wenn Ihr Sohn/Ihre Tochter das tut, was Sie verhaltensgestört nennen?"

Durch das zirkuläre Fragen werden also neue Sichtweisen eröffnet (vgl. Lenz (2011): S. 219).

- Reframing: Diese Methode ist eher eine Haltung des/der Unterstützer/in. Hierbei geht es darum, neue Erkenntnisse der betroffenen Person zu hinterfragen sowie diese immer in einem neuen Licht wahrzunehmen (ebd. S. 219).

Zusammengefasst kann gesagt werden, dass gerade Menschen mit einem Handicap von sogenannter „Ressourcenarmut" betroffen sind. Oftmals sind sie nicht in der Lage, die eigenen Ressourcen abzurufen und konkret einzusetzen. Die beschriebenen Techniken dienen zur professionellen Unterstützung bei der erfolgreichen Ressourcenaktivierung.

Im folgenden Kapitel werden bestimmte Hindernisse und Widerstände bei der Umsetzung des Empowerment-Konzeptes dargestellt.

3.8 Hindernisse und Widerstände der Umsetzung von Empowerment aus sozialarbeiterischer Perspektive

Norbert Herringer beschreibt drei Ebenen, die sich in der Praxis des Empowerment-Prozesses als mögliche „Stolpersteine" erweisen könnten. Zum einen (1) sind das die intrapersonalen Widerstände, zum zweiten (2) die Beziehungswiderstände und zum dritten (3) die institutionellen Widerstände (vgl. Herringer (2014): S. 213).

Die intrapersonalen Widerstände (1) beziehen sich auf die Widerstände der subjektiven Berufsidentität. Der Fokus dieser Ebene liegt auf der ungleichen Verteilung von Macht im Kontext professioneller Unterstützer/innen und betroffene Person. Ersichtlich werden diese Ungleichheiten an folgenden Stellen. Es sind u.a. (vgl. Herringer (2014): S. 215ff.):

- Kontrolle des Zugangs zu institutionellen Ressourcen: meint die Macht der Unterstützer/innen, über die Gewährung, den Zuschnitt, den Umfang und die Grenzen der Dienstleistungen.

- Definitionsmacht: meint die Macht der Unterstützer/innen die Wirklichkeit, Definition von Situationen, Persönlichkeit und Lebensgeschichteselbst, zu konstruieren und in die Diagnose mit einfließen zu lassen.

- Beziehungsmacht: meint die Macht der Unterstützer/innen das formale Setting der Beziehungsarbeit, die Regeln der Kommunikation und die geeigneten Interventionsverfahren festzulegen. (vgl. Kraus u. Krieger (2013);Nestmann/Sickendiek (2002); Quiendel u.Pankofer (2000): zitiert nach Herringer (2014): S. 216).

Die Beziehungswiderstände (2) beziehen sich auf die Ebene des Arbeitskontraktes zwischen Sozialarbeiter/in und betroffener Person. Beziehungswiderstände beschreiben die Interaktion von professionellen Unterstützer/innen und betroffener Person, welche auf der Seite der Unterstützerin/ des Unterstützers auf professioneller Expertise und auf der Seite der betroffenen Person auf den Aspekt der autonomen Selbstbestimmung stößt (vgl. Herringer (2015): S. 217ff.).

Die in dem Empowerment-Ansatz verankerten Strukturen der Selbstbestimmung und Autonomie können in Bezug auf die betroffenen Personen als überfordernd und angsteinflößend wirken. Die Angst der betroffenen Personen also vor Autonomie und Selbstverantwortung stellen in diesem Kontext eine Hürde dar (ebd. S. 218).

Auf der anderen Seite bringt der Empowerment-Ansatz durch die Verantwortung der betroffenen Personen die Lebensgestaltung individuell gestalten zu können, Grenzen mit sich. Grenzen, die dort überschritten werden, wo die Fremdheit des anderen Lebens für die Unterstützer/innen zu einer psychischen Belastung wird. Die Ausdrucksform des Eigen-Sinns, die für die Unterstützerin/ den Unterstützer nicht mehr nachzuvollziehen ist und die seine/ihre normativen Standards widerspricht, können Auslöser für eine kritische Beziehungsarbeit sein. So können die Grenzen der Unterstützerin/ des Unterstützers dort gezogen werden, wo Gewalt, Bedrohung oder Einschüchterung ins Spiel kommen. (ebd. S. 219ff.).

Die institutionellen Widerstände (3) beschreiben die Widerstände der institutionellen Anforderungen und Strukturen. Die bislang beschriebenen Widerstände befassen sich mit der Interaktion von Unterstützer/in und betroffener Person. Diese beruhen auf einer Freiwilligkeit des Kontaktes. Auf der institutionellen Ebene hingegen kommt es zu einem grundlegenden Mandat, welches zur Kontrolle der Lebensführung der betroffenen Person angewandt werden muss wie beispielsweise die Straffälligenhilfe (ebd. S. 221).

Eine Hürde der Sozialen Arbeit ist der institutionelle Auftrag. Will die Soziale Arbeit ihre Zuständigkeit auf Grundlage der Hilfegewährung begründen, so kommt es zu einer defizitorientierten Sichtweise, die bestimmte Kategorien der betroffenen Personen darlegen muss (ebd. S. 223).

Eine weitere Hürde der institutionellen Widerstände sind der hohe Zeit-Ressourcenverbrauch einer Empowerment-Praxis. Die Zeitrechnungen der fallführenden Unterstützer/innen und die der Institution sind nur selten kompatibel miteinander (ebd. S. 224).

Eine letzte Hürde der institutionellen Widerstände ist die Beharrungsmacht der Amtsroutine. Wie in jeder Organisation verfestigt sich mit der Zeit ein angeeignetes Repertoire an Methoden, Interventionsformen und Verwaltungsverfahren professioneller Unterstützer/innen. Diese Routinen haben auf der einen Seite eine entlastende Funktion, indem sie die Komplexität des vielseitigen Berufsalltags reduzieren, auf der anderen Seite jedoch durch die Bereitschaft aus vorhandenen Routinen auszutreten, eine belastende Funktion für den Empowerment-Prozess (ebd. S. 225).

Bei Menschen mit Handicap werden Erschwerungen der Umsetzung von dem Empowerment-Konzept gerne in fehlenden kognitiven und/oder psychischen Fähigkeiten oder bei der Bereitschaft zur Übernahme von (Eigen-) Verantwortung gesehen. Hier ist kritisch zu beleuchten, ob die (Mit-) Entscheidungen der betroffenen Personen voll ausgeschöpft wurden oder ob Unterstützer/innen aufgrund von Unsicherheiten oder hinsichtlich der Einfachheit die Macht bestimmter Entscheidungsprozesse missbrauchen (vgl. Sohns (2007): S. 92).

Um diesem entgegenzuwirken, ist es von besonderer Bedeutung, das Empowerment-Konzept inhaltlich auszugestalten. Dazu gehört auch die Evaluation, die den Einsatz von Instrumenten und die kritische Reflexion des persönlichen Einsatzes der Unterstützer/innen gewährleistet (ebd. S. 92).

Zwischenfazit:

Gerade in Bezug zur praktischen Ausführung des Empowerment-Konzeptes gibt es in den Einrichtungen oftmals keine geeigneten Instrumente. Belegt wird dies teilweise in der vom Verfasser durchgeführten qualitativen Erhebung.

Es treten in Bezug zum Empowerment-Konzept auch Grenzen und Hindernisse sowohl auf Seiten der Betroffenen als auch der professionellen Unterstützer/innen auf. Dieses Konzept ist nicht einfach nur eine Methode, die auf jede betroffene Person anwendbar ist, sondern muss individuell auf die Klientin/ den Klient abgestimmt werden.

Im folgenden Kapitel wird die Forschungsmethode beschrieben, um im Anschluss die gestellten Hypothesen aufgrund der Ergebnisse subjektiv Betroffener zu verifizieren oder zu falsifizieren.

4   Forschungsmethode

Die durchgeführte qualitative Forschung wurde im Rahmen einer Wohngruppe für Menschen mit geistigem Handicap durchgeführt. Es ist eine Außenwohngruppe eines Wohnheims in Osnabrück. Zurzeit bewohnen sechs Männer im Alter von 22-48 Jahren diese Wohngruppe. Alle Männer weisen ein geistiges Handicap auf und benötigen Unterstützung in der Bewältigung ihres Alltages.

Die Stichprobe stellt sich aus fünf Männern zusammen, welche unterschiedliche geistige Handicaps aufweisen. Die Männer werden durch die Umstände der Covid-19 Pandemie durch ein Telefonat zu dieser Thematik befragt.

Die Instrumente für das Interviewverfahren bestehen aus dem Fragebogen, dem Leitfaden, der Tonbandaufzeichnung und der Transkription.

Der Untersuchungsplan startet mit der Ideenfindung für die Forschung des Projektes. Zu Beginn wurde das Gespräch zu der Gruppenleitung gesucht. Diese hat dann zugestimmt, dass die Forschung mit den fünf Probanden der Einrichtung durchgeführt werden durfte.

Der nächste Schritt ist die Erstellung des Interviewleitfadens, welcher auf die geistigen Fähigkeiten der Probanden zugeschnitten wird. Der Leitfaden hat in diesem Zusammenhang nicht die Form eines starren Fragebogens, sondern wird stetig aktualisiert. Für eine kontrollierte Herangehensweise an den Forschungsgegenstand wird der Leitfaden erstellt. Er bietet einen Orientierungsrahmen für den Interviewer und dient zur Unterstützung und Ausdifferenzierung von den Antworten der Interviewpartnern.

Die Fragen des Leitfadens werden in Anlehnung an die Regeln von Pehl und Dresing (2018) gestellt. Es ist also wichtig, dass eine Frage einfach zu verstehen ist. Gerade für das Klientel von Menschen mit Handicap ist es entscheidend, dass die Fragen in einer Formulierung gestellt werden, die im Alltag ebenfalls angewendet wird. Beispielsweise ist es wichtig, dass die Probanden Zeit haben, bestimmte Dinge aus ihrem Alltag zu beschreiben. Die aufgeführten Fragen werden präzise und kurz gestaltet (vgl. Pehl u. Dresing (2018): S. 9).

Die Interviews sind eine geeignete Forschungsmethode, da es Zeit gibt, bestimmte Verständnisfragen zu klären. Face-to-face Interviews wären im Zuge dieser Forschungsarbeit für die Interviewten vorteilhafter gewesen, da es so zu einem besseren Austausch gekommen wäre. Die Interviewpartner antworten oftmals nervös, da sie mit dieser Methode noch nicht vertraut sind. Der zeitliche Aspekt ist in der Durchführung der Interviews ebenfalls ein entscheidender Faktor. Die meisten Probanden haben das Gespräch aus zeitlichen Gründen eher hektisch und kurz gehalten.

Die fertigen Interviews werden durch den Einsatz einer Tonbandaufzeichnung aufgenommen und anschließend nach den Regeln von Dresing und Pehl (2018) transkribiert. Entscheidend für die transkribierten Interviews ist, dass der Fokus auf der guten Lesbarkeit liegt.

Die Auswertung der gesammelten Daten erfolgt mithilfe des computer-unterstützenden Analysesoftwareprogramms MAXQDA.

Die qualitative Datenanalyse unterscheidet sich dahingehend zur quantitativen Datenanalyse, dass die qualitative Analyse im Gegensatz zur quantitativen Analyse keine unmittelbaren Ergebnisse aufzeigt, sondern selbstständig interpretiert werden kann. MAXQDA bietet dabei eine wertvolle Unterstützung, da größere Datensätze in einem schnellen Tempo aufgearbeitet werden können. Es dient ebenfalls zur Strukturierung von bestimmten Themengebieten.

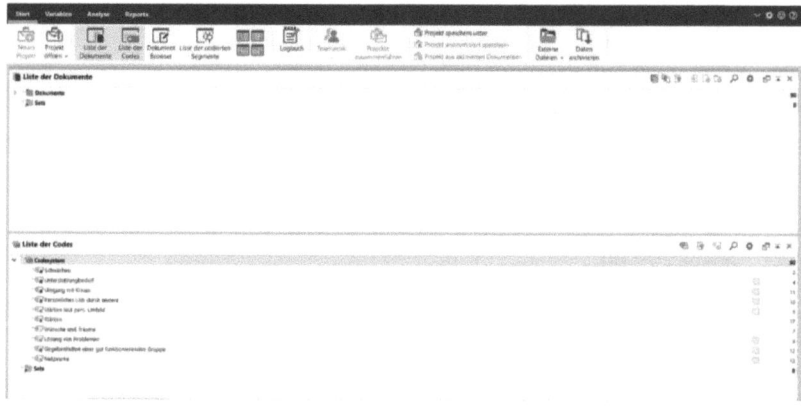

Abb 2: Liste der Dokumente und Liste der Codes. Eigene Konstruktion, angefertigt mit dem Analysesoftwareprogramm MAXQDA

5 Auswertung und Diskussion der Interviews subjektiv Betroffener

Im nachfolgenden Kapitel werden die Ergebnisse der qualitativen Erhebung dargestellt und diskutiert. Im Rahmen der Auswertung dieser Ergebnisse wird ein Kategoriensystem angefertigt, welches in unterschiedliche Themengebiete gegliedert wird.

Der Fokus dieser Auswertung liegt auf den Aussagen der Probanden. Es werden auffällige Gemeinsamkeiten beziehungsweise Diversitäten dargelegt. Als bedeutsam empfundene Textpassagen werden dabei in Form von Zitaten mit eingebunden.

Um die Anonymität der Probanden zu wahren, werden die Namen im folgenden Abschnitt durch die Kürzel IP1-IP5 ersetzt.

In den nachfolgenden Abschnitten werden die Überschriften nach den für diese Arbeit benötigten Themengebiete benannt.

5.1 Hypothesen

Die eigenständig aufgestellten Hypothesen aus dem Interviewleitfaden werden im Anschluss an den Ergebnissen verifiziert beziehungsweise falsifiziert. Die nachfolgenden Hypothesen sind bewusst ausgewählt worden, da sie als zutreffend für die Thematik dieser Arbeit angesehen wurden.

1. Ressourcen von Menschen mit Handicap werden nicht ausreichend ausgeschöpft.
2. Menschen mit Handicap haben keine Chance aus ihren vorgegebenen Systemen wie Freizeit/Wohnen/Arbeit auszubrechen
3. Menschen mit Handicap haben Zugänge zum gesellschaftlichen Leben, die ihnen in bestimmten Kontexten jedoch verwehrt werden.

Die aufgeführten Hypothesen basieren auf den Erfahrungen des Verfassers und sind nach der eigenen Haltung zu diesen Thematiken entstanden.

Die nachfolgenden Überschriften beziehen sich auf die von dem Verfasser erarbeiteten Codes des Programms MAXQDA.

5.2 Persönlich empfundene Stärken

Die erste Kategorie ist die eigene Wahrnehmung von individuellen Stärken. Im Hinblick auf diese Arbeit ist ein Repertoire an Ressourcen eine Grundlage für die Bewältigung von strukturellen Benachteiligungen durch die Gesellschaft. Im Empowerment-Ansatz ist der Umgang mit eigenen Ressourcen entscheidend für das positive Entgegentreten möglicher Krisen. Wie in Kapitel 2.6 beschrieben wurde, können Ressourcen mögliche Schutzfaktoren in risikoreichen und belastenden Lebenssituationen sein. Strukturelle Benachteiligung ist eine mögliche belastende Lebenssituation.

Alle fünf Teilnehmer haben Probleme damit, eigene Stärken zu definieren. Aufgefallen ist, dass ebenfalls alle fünf Probanden lange Zeit überlegen mussten, was potenzielle Stärken sein könnten.

> „Zimmer putzen, ansonsten habe ich keine Stärken" (IP3). (Abs. 69)

Auf die Frage, welche Stärken selbst wahrgenommen werden antwortet IP3, dass er keine Stärken habe und nur Zimmer putzen eine Stärke sei.

> „Ich arbeite sehr gerne" (IP2). (Abs. 216)

Eine weitere Antwort auf die Frage nach vorhandenen Stärken lieferte IP2. Nach langer Überlegungszeit antwortete er damit, dass er gerne arbeiten gehen würde.

> „Ich kann zum Beispiel kochen, oder zum Beispiel Blumen gießen kann ich sehr gut. Zum Beispiel auch Unkraut wegmachen" (IP1). (Abs. 214)

Auffällig wird also, dass die Probanden Probleme bei der Definition eigener Ressourcen haben.

IP5 hat bei der Frage nach den eigenen Stärken einige aufgezählt.

> „Ich kann gut reden, ich bin einfühlsam und ich bin ruhig" (IP5). (Abs. 103-109)

5.3 Stärken laut dem persönlichen Umfeld

Das nächste Oberthema dieser Erhebung sind die empfundenen von dem engeren Umfeld der Probanden. Die Interviewpartner sollten ein Gefühl dafür entwickeln, ob es Stärken von ihnen gibt, die durch andere wahrgenommen werden. Damit einher geht auch die Frage nach dem persönlichen Lob durch andere, um Selbstwert und Selbstwirksamkeit zu stärken. Ein hohes Selbstwertgefühl trägt langfristig zu einer besseren Bewältigung von Krisen des Alltags bei.

Während der Erhebung habe die Interviewpartner dem Interviewer ein geringes Selbstwertgefühl vermittelt. Keiner der sechs Probanden wirkte, als hätte er ein angemessenes Maß an Selbstbewusstsein.

Auf die Frage: „Und was denkst du, was deine Freunde oder deine Familie denkt was du für Stärken hast?"

> „Das weiß ich nicht. Ne weiß ich nicht." (IP5). (Abs. 217)

IP5 weiß also nicht, was andere Personen aus seinem Umfeld über ihn denken.

Daran anschließend passt die Frage, ob er sich noch an das letzte Lob erinnern kann, welches er bekommen hat.

> „Nein." (IP5). (Abs. 125)

IP5 kann sich nicht an das letzte Lob erinnern.

Die Suche nach den eigenen Stärken hat sich bei den Interviewpartnern wie in Kapitel 5.1 beschrieben, als eher kompliziert erwiesen. Bei IP5 gab es vorhandene Stärken, welche aus der eigenen Sichtweise wahrgenommen wurden. Die Stärkung, die durch andere Personen wahrgenommen werden, konnte er jedoch ebenfalls wie IP1/2/3/4 nicht deuten.

Auf die Frage: „Und wann hast du zuletzt ein Lob im Wohnheim bekommen? Kannst du dich daran erinnern, wann dich das letzte Mal jemand gelobt hat?"

> „Das ist schon lange her, zum Beispiel letztes Mal ähm da habe ich auf das Büro aufgepasst." (IP2). (Abs. 229-232)

IP2 musste lange überlegen, um sich zu erinnern, wann er zuletzt gelobt wurde. IP2 ist dann aufgefallen, dass er einmal auf das Büro aufgepasst hat und dafür gelobt wurde. Die Selbstwirksamkeit und das Selbstwertgefühl können bei zu wenig Lob und Wertschätzung aus dem eigenen Umfeld in Mitleidenschaft gezogen werden.

5.4 Lösung von Problemen

Die nächste Rubrik ist die Suche nach geeigneten Lösungen für Problemlagen aus dem Alltag. Wie also reagieren die Interviewpartner auf Probleme des Alltags und was sind geeignete Methoden für sie, diese zu lösen.

Die Frage hierzu lautete bei IP5: „Und wie kann man so „Reibereien" aus dem Weg gehen? Was denkst du, muss man da machen?"

> „Miteinander reden." (IP5). (Abs. 36)

Für IP5 scheint ein geeigneter Weg der Lösung von Konflikten die Kommunikation zu sein. Er löst seine Probleme indem er auf Personen zugeht und ihnen mitteilt, welche Dinge ihn stören.

Auf die Frage: „Angenommen in deiner Wohngruppe stört dich etwas? Wie gehst du damit um?"

> „Ja dann rede ich mit den Betreuern. Oder ich gehe spazieren oder wir spielen etwas zusammen. Also das ich dann abgelenkt bin." (IP4). (Abs 125)

Für IP4 ist eine Möglichkeit des Umgangs mit bestimmten Krisen den Kontakt zu den Unterstützer/innen aufzubauen oder sich durch Spaziergänge oder Spiele abzulenken. Er sucht nicht wie IP5 die Konfrontation mit der Situation, sondern löst Krisen mit sich oder den Unterstützer/innen.

> „Ab und zu schließe ich mich in mein Zimmer ein." (IP1). (Abs 91)

IP1 wurde in der Zeit des Mentorenprogramms eher als zurückhaltend und introvertiert erlebt. So geht er auch mit Krisen um. Für ihn persönlich ist der Rückzug in seine eigenen vier Wände ein geeignetes Mittel der Konfrontation mit bestimmten Krisen in seinem Leben.

Auf die Frage: „Hilft es dir auch, wenn du mit anderen Leuten darüber sprichst? Antwortete IP1 so."

> „Ja das hilft mir auch." (IP1). (Abs. 251)

Für IP1 ist also der Rückzug ein geeignetes Mittel aber auch die Kommunikation. Für IP1 ist die Klärung der Krise mit möglichen Unterstützer/innen eine Option, doch IP1 sucht nicht aktiv das Gespräch zu möglichen Unterstützer/innen. Wie in dieser Arbeit beschrieben gibt es Individuen, die Probleme dabei haben sich auf Hilfe von möglichen Unterstützer/innen einzulassen. Nicht jeder Mensch ist geeignet für die Arbeit mit dem Empowerment-Konzept.

Wenn es um die Probleme mit anderen Personen innerhalb der Wohngruppe geht, dann gehen die Interviewpartner unterschiedlich mit diesen um.

Auf die Frage: „Wenn du ein Problem mit einem aus der Wohngruppe hast, sprichst du dann mit demjenigen darüber?"

> „Nein das traue ich mich nicht." (IP2). (Abs. 116)

IP2 traut sich also nicht bestimmte Probleme innerhalb der Gruppe anzusprechen und sitzt diese lieber aus. Das Gespräch zu den Betreuer/innen sucht IP2 ebenfalls nicht.

„Weil quasi wenn du mit den Personen redest zum Beispiel hier im Wohnheim dann ist es halt ja die möchten dann nicht mit einem reden und dann geht es immer so weiter und dann ja. Es kann sein, dass die keine Lust auf Stress haben und so deswegen gehe ich lieber zum Betreuer." (IP4). (Abs. 49)

IP4 umgeht mögliche Streitigkeiten mit anderen Personen der Wohngruppe indem er sie persönlich darauf anspricht. Für IP4 ist das Aufsuchen der Unterstützer/innen eine geeignete Lösung von Problemen innerhalb der Gruppe.

Bei der Lösung von Problemen innerhalb oder außerhalb einer Gruppe weisen die Interviewpartner unterschiedliche Möglichkeiten der Bewältigung auf.

5.5   Netzwerke der Betroffenen

Die Kategorie der eigenen Netzwerke zielt darauf ab mögliche Ressourcen durch Netzwerke der Betroffenen herauszufinden. Die Netzwerke spielen im Empowerment-Konzept ebenfalls eine wichtige Rolle und sind essenziell für die positive Bewältigung von Lebenskrisen. Menschen mit Handicap weisen bei den sozialen Netzwerken verhältnismäßig weniger Netzwerke auf als Menschen ohne Handicap. Oftmals fehlen soziale Kontakte und Menschen mit Handicap leben eher für sich allein und suchen sich ihre Peer-Groups mit gleichgesinnten Personen also auch Menschen mit Handicap. Zudem bilden sie soziale Netzwerke mit unterschiedlichen Unterstützer/innen aus ihrem engeren Umfeld. In ihren Einrichtungen stehen sie im engen Austausch mit den zuständigen Betreuer/innen und auch mit den Sozialarbeiter/innen.

Auf die Frage: „Ich würde gerne wissen, an welchen Orten du dich über den Tag verteilt aufhältst und welchen Menschen du dabei begegnest?"

> „Ähm ich gehe einkaufen und ja so alles ich bin auf meinem Zimmer." (IP5). (Abs. 21-22)

IP5 weist eher wenige soziale Kontakte auf und lebt introvertiert in seinem eigenen Zimmer. Die sozialen Kontakte von IP5 beschränken sich auf die eigenen Mitbewohner und Kollegen/Kolleginnen bei seiner Arbeit.

Auf die gleiche Frage antwortet IP2:

> „Also ich bin manchmal bei meiner Freundin und ähm im Wettbüro." (IP2). (Abs. 54-57)

Für IP2 ist seine Partnerin ein großer Teil seiner sozialen Netzwerke. Ebenfalls besucht er regelmäßig das Wettbüro, wo er nach der Meinung des Verfassers mit anderen Personen Wetten platziert. IP2 ist eher ein aufgeschlossener Mensch, der auch den Kontakt zu anderen sucht und sich viel in Netzwerken mit anderen Personen befindet. Beispielsweise reist IP2 jedes Jahr gemeinsam mit seinem Bezugsbetreuer nach Portugal in seine Heimat und besucht dort seine Verwandten.

Im Gegensatz zu IP5 sucht IP2 also die Kontakte in der sozialen Umwelt.

Auf dieselbe Frage antwortet IP4:

> „Ich bin oft bei meiner Familie, also bei meiner Mama und meinen Brüdern." (IP4). (Abs. 19-20)

IP4, der ein enger Freund von IP2 ist, pflegt auch viele soziale Kontakte, auch wenn er es nicht so richtig beschreiben kann. In seiner Freizeit unternimmt er viel, um möglichst viele soziale Kontakte zu knüpfen. Seine Familie hat einen besonderen Stellenwert in seinem Leben. Er fragt dort oft nach Rat und steht in engen Austausch mit seiner Familie.

> „Ich gehe auch gerne ins Kino." (IP4). (Abs. 21)

In seiner Freizeit geht IP4 also seinen Hobbies nach und verbringt gerne Zeit mit anderen Menschen. Er ist auch im Fitnessstudio angemeldet, welches er für bestimmte Kurse besucht.

IP1 ist dahingehend auch eher ein introvertierter Mensch und benötigt weniger soziale Kontakte. Er beschränkt sich auf die Kontakte, die er hat und pflegt diese auch.

Auf die Frage: An welchen Orten hältst du dich über den Tag verteilt auf und welchen Menschen begegnest du dort?

> „Ich gehe gerne spazieren oder in die Stadt." (IP1). (Abs 78-79)

Die Interviewpartner haben also ein unterschiedliches Verständnis zu ihren Netzwerken. Für IP4 und IP2 sind soziale Netzwerke essenziell wichtig, wohingegen IP1 und IP5 nur bedingt Anschluss zu sozialen Netzwerken haben.

5.6 Wünsche und Träume

Diese Kategorie wurde ausgewählt, um herauszufinden, ob es bestimmte Dinge des Alltags gibt, die den Interviewpartnern verwehrt bleiben. Die Motivation dahinter war das Herausarbeiten von strukturellen Benachteiligungen aufgrund ihres Handicaps.

Bei den Ergebnissen stellt sich heraus, dass es Wünsche und Träume gibt, die aufgrund des Handicaps nicht oder nur bedingt erfüllt werden können.

Auf die Frage: Gibt es zum Beispiel etwas bestimmtes, was du gerne mal machen würdest, wo du aber weißt, dass dies wahrscheinlich niemals machen kannst?

> „Ja so mehr Aktivitäten. Ich würde gerne Bungeejumping mal ausprobieren. Also von einem Flugzeug. Das geht halt nicht wegen finanziellen." (IP4). (Abs. 71)

Für IP4 ist also die finanzielle Situation ein Hindernis, um bestimmte Aktivitäten des gesellschaftlichen Lebens durchzuführen. Das finanzielle Handicap bestimmt also einen Teil des Alltags von IP4. Bedingt dadurch, dass Menschen mit Handicap in den Einrichtungen, in denen sie arbeiten, nur wenig Geld verdienen, können solche Wünsche und Träume nicht erlebt werden.

> „Den Führerschein machen." (IP5). (Abs. 86)

Für IP5 ist ein großer Traum den Führerschein zu machen. Bedingt durch sein Handicap ist er dazu nicht in der Lage.

> „Hmm... ein Wunsch wäre es mal in eine eigene Wohnung zu gehen." (IP1). (Abs. 180)

Für IP1 ist die eigene Wohnung ein Wunsch. Bedingt durch den Unterstützungsbedarf von IP1 ist er auf die Unterstützung von professionellen Helfern/Helferinnen angewiesen. Dennoch ist die eigene Wohnung ein Wunsch, der mit ein wenig mehr Aufwand gewährleistet werden kann. Im Hinblick auf das betreute Wohnen könnte der Wunsch von IP1 und von vielen anderen Menschen mit Handicap in Erfüllung gehen. Bedingt dadurch, dass Menschen mit Handicap Schwierigkeiten haben, eine eigene Wohnung zu finden, wird die Realisierung von mehr Autonomie dahingehend jedoch schwierig.

Die eigene Wohnung ist also ein Teil der strukturellen Benachteiligung, welche Menschen mit Handicap erfahren müssen.

Allgemein kann gesagt werden, dass Menschen ohne Handicap auch Wünsche und Träume haben. Jedoch haben Menschen mit Handicap oft Wünsche, die für Menschen ohne Handicap schneller zu realisieren sind. Bedingt durch finanzielle, aber auch strukturelle Problematiken haben Menschen mit Handicap oftmals gar nicht die Chance ihre Wünsche und Träume auszuleben.

5.7 Diskussion der Ergebnisse

Die Interviewpartner haben ihre Gefühle zu den einzelnen Themengebieten geäußert. Festzustellen ist, dass in einigen Punkten große Verunsicherungen bei den Antworten herauszuhören war. Oftmals wussten die Interviewpartner nicht genau, was sie auf eine Frage antworten sollten. Nachdem dann ein wenig Zeit für die Frage eingeräumt wurde, und der Interviewer durch gewisse „Denkanstöße" bestimmte Gefühle bei den Interviewpartnern ausgelöst hat, kamen auch die „richtigen" Antworten zu den einzelnen Fragen. In einigen Interviews gab es diese Zeit nicht, da IP5 in der Mittagspause das Interview durchgeführt hat.

Grundsätzlich war der Interviewer zufrieden mit den Interviews und konnte an einigen Stellen Zusammenhänge zu den vorher gestellten Hypothesen finden.

In der Beantwortung der Fragen konnten Unterschiede aber auch Gemeinsamkeiten festgestellt werden. Aufgefallen ist beispielsweise, dass IP2 und IP4 ähnliche Interessen vertreten und auch im Umgang mit sozialen Netzwerken Gemeinsamkeiten aufweisen.

Gerade bei der Thematik der eigenen Ressourcen und der Ressourcen, die durch andere wahrgenommen werden, sind Probleme zu erkennen. Gerade im Hinblick auf das Empowerment-Konzept sind die Ressourcen der Betroffenen unabdingbar. Während des Mentorenprogramms wurde das Gefühl vermittelt, dass wenig bis gar keine Ressourcen der Bewohner bekannt sind. Dies hat sich in den Interviews bestätigt. Die Suche nach potenziellen Ressourcen erweist sich als schwerfällig. Im Hinblick auf die Unterstützung der professionellen Helfer/innen besteht daher noch viel Potenzial. Bei der Bewältigung von bestimmten Lebenskrisen, die bei Menschen mit oder ohne Handicap unabdingbar sind, ist die Arbeit mit den zur Verfügung stehenden Ressourcen essenziell. Menschen ohne Handicap haben meistens, wie sich aus dieser Arbeit herauslesen lässt, einen positiven Zugang zu eigenen Ressourcen. Bei Menschen mit Handicap müssen Ressourcen oftmals erarbeitet werden.

Werden die Ergebnisse mit der Theorie sozialer Ungleichheit verglichen, so ist festzustellen, dass es in vielen Aspekten Übereinstimmungen gibt. Die Strukturebenen der sozialen Ungleichheit lassen sich auf die Ergebnisse der qualitativen Erhebung projizieren.

Die erste Strukturebene ist die Determinante. Im Hinblick auf die zugeschriebenen Merkmale der Interviewpartner also deren Geschlecht, ihr Alter, ihre Herkunft und ihre Behinderung. Die erworbenen Merkmale der Interviewpartner sind durch eigenes Engagement wie beispielsweise durch Bildung, Beruf etc. zu erlangen.

Diese Merkmale der Interviewpartner führen erst einmal nicht zu einer sozialen Ungleichheit. Ihre Behinderung ist also erst einmal keine Ursache für soziale Ungleichheit.

Die zweite Strukturebene sind die Dimensionen sozialer Ungleichheit. Dimensionen wie beispielsweise materieller Wohlstand oder Macht. Eine Determinante kann hierbei auch zu einer Ungleichheit der Dimensionen führen. Beispielsweise kann die Behinderung (Determinante) zu einer Bildungs- ungleichheit (Dimension) führen.

Die dritte Ebene sind dann die sozialen Prozesse, welche zu Vor- beziehungsweise Nachteilen in bestimmten Lebensbereichen führen. Durch den sozialen Prozess entsteht und reproduziert also erst soziale Ungleichheit.

Im Hinblick auf die Interviewpartner kann beispielsweise Diskriminierung eine Ursache für soziale Ungleichheit sein.

Die vierte Ebene bezieht sich auf die Auswirkungen sozialer Ungleichheit. Hierbei handelt es sich also um weitere Ungleichheiten in bestimmten Lebenslagen. Beispielsweise kann sich die Bildungsungleichheit von Menschen mit Handicap dann auf ungleich verteilte materielle Ressourcen auswirken.

Im folgenden Abschnitt werden die anfangs aufgestellten Hypothesen auf Basis der Aussagen subjektiv Betroffener verifiziert oder falsifiziert.

5.8   Ergebnisse im Zusammenhang mit den Hypothesen

Die erste Hypothese „Ressourcen von Menschen mit Handicap werden nicht ausreichend ausgeschöpft." Kann auf Grundlage der durchgeführten Interviews verifiziert werden. Aufgefallen ist, dass alle Interviewpartner Probleme bei der Nennung von eigenen Ressourcen hatten. Nach langer Überlegungszeit sind den Interviewpartnern dann Dinge wie „Ich arbeite sehr gerne" (IP2) oder „Zimmer putzen ansonsten habe ich keine Stärken." (IP3) aufgefallen. Der Interviewer hatte nicht das Gefühl, dass die Interviewpartner geeignete Methoden zur Stärkung eigener Ressourcen kennen.

Die zweite Hypothese „Menschen mit Handicap haben keine Chance aus ihren vorgegebenen Systemen wie Freizeit/Wohnen/Arbeit auszubrechen." kann teilweise verifiziert werden. Für IP1 beispielsweise wäre die eigene Wohnung ein Wunsch. Bei der Suche nach einer geeigneten Wohnung für IP1 könnten sich aufgrund seines Handicaps Probleme ergeben. Oftmals haben gerade Menschen mit Handicap keine Chance aus ihrem System Wohnheim auszubrechen. Da sie auf Unterstützung von professionellen Helfern/Helferinnen angewiesen sind. Dennoch gibt es andere Wohnformen für Menschen mit Handicap wie beispielsweise das betreute Wohnen, welches für viele Betroffene eine geeignete Lösung wäre. In der Praxis sieht das gerade im Hinblick auf den Wohnungsmarkt, bezogen auf Osnabrück, schwierig aus.

Menschen mit Handicap leben in Systemen, die sie sich teilweise nicht selbstständig ausgesucht haben. Beispielsweise haben Wohneinrichtungen oftmals lange Wartelisten, sodass ein Mensch mit Handicap in den meisten Fällen die Einrichtung als sein Zuhause aussucht, die noch offene Plätze zu Verfügung hat. Gleiches gilt für den Arbeitsplatz. In der Regel sind Menschen mit Handicap in Werkstätten für behinderte Menschen untergebracht. Dort sind sie Teil einer Gruppe, die sie sich nicht autonom ausgesucht haben. Werden also Menschen mit und ohne Handicap verglichen, so kann festgestellt werden, dass Menschen mit Handicap oftmals keine Möglichkeit haben aus den ihnen vorgegebenen System auszubrechen.

Die dritte Hypothese „Menschen mit Handicap haben Zugänge zum gesellschaftlichen Leben, die ihnen in bestimmten Kontexten jedoch verwehrt werden." kann auf Grundlage dieser qualitativen Erhebung ebenfalls teilweise verifiziert werden.

Finanzielle Aspekte und das eigene Handicap können den Zugang zum gesamtgesellschaftlichen Leben stark einschränken. IP4 wünscht sich beispielsweise mehr Aktivitäten. „Ja so mehr Aktivitäten. Ich würde gerne Bungeejumping mal ausprobieren. Also von einem Flugzeug. Das geht halt nicht wegen finanziellen." (IP4). Die finanzielle Situation von Menschen mit Handicap kann also zu einer strukturellen Benachteiligung führen. Doch nicht nur finanzielle Ressourcen führen zum Ausschluss von Zugängen zum gesellschaftlichen Leben. Randgruppen einer Gesellschaft, wozu auch Menschen mit Handicap zählen, sind in vielen Aspekten den Strukturen von sozialer Ungleichheit unterfangen.

5.9   Kritische Reflexion des Forschungsprozesses

An dieser Stelle muss kritisch angemerkt werden, dass die Ergebnisse dieser Arbeit nicht auf die gesamte Gruppe der Menschen mit Handicap verallgemeinert werden kann. Dies ist darauf zurückzuführen, dass der hier angewandte Forschungsprozess eine qualitative Erhebung ist und sich mit einer kleinen Gruppe von Probanden auseinandersetzt. Bei einer höheren Anzahl an Probanden wäre es eine populationsbeschreibende quantitativen Erhebung gewesen.

Ebenfalls kritisch anzumerken ist, dass sich die Stichprobe nur auf männliche Probanden bezieht.

Des Weiteren ist die Ausformulierung des Interviewleitfadens kritisch zu hinterfragen. An einigen Stellen hätte sich der Verfasser gewünscht, bestimmte Thematiken tiefgründiger aufzuarbeiten.

Interviews mit Menschen mit Handicap, sind deutlich einfacher durchzuführen, wenn das Setting nach den face-to-face Regeln stattfindet. Gerade in Bezug auf Gestik, Mimik und Körperhaltung wäre der persönliche Kontakt mit den Probanden zu Bevorzugen.

Diese Arbeit beschäftigt sich mit der strukturellen Benachteiligung von Menschen mit Handicap. Daher wurden auch Menschen mit Handicap zu dieser Thematik befragt. Professionelle Helfer/innen wie beispielsweise Sozialarbeiter/innen gehören jedoch zum Unterstützerkreis dieser Menschen und hätten im Zuge dieser Arbeit ebenfalls befragt werden können. Ebenfalls wie die Angehörigen der Probanden.

6 FAZIT

Das Ziel dieser Arbeit war es, Sozialarbeiter/innen geeignete Handlungs-möglichkeiten aufzuzeigen, die eine positive Bewältigung struktureller Benachteiligung herbeiführen. Ein geeignetes Konzept hierbei könnte das Empowerment-Konzept darstellen. Differenzen zwischen der Theorie geeigneter Methoden dieses Konzeptes und der praktischen Ausführung wurden in dieser Arbeit erörtert. Für den Verfasser dieser Arbeit war es bedeutsam, dass bestimmte Methoden im Umgang mit Menschen mit Handicap und deren strukturellen Benachteiligung für die Sozialarbeiter/innen aufgezeigt werden. Also ein Repertoire an Möglichkeiten Betroffene dahingehend zu unterstützen.

Durch die qualitative Forschung konnten Eindrücke der subjektiv Betroffenen zu dieser Thematik gesammelt werden. Die Ergebnisse dieser Erhebung haben die Hypothesen teilweise verifiziert. Die Durchführung der Interviews konnte einen Einblick in die Gedanken der Interviewpartner geben.

Anhand der durchgeführten Interviews konnte der Verfasser feststellen, dass die Methode des ressourcenorientierten Empowerment-Konzeptes eine wesentliche Unterstützung der Betroffenen bieten könnte. Dem Verfasser dieser Arbeit ist bewusst, dass dieses Konzept nicht für jedes Individuum mit geistigem Handicap konzipiert ist. Bei der Erhebung der Daten konnte festgestellt werden, dass bei den Interviewpartnern wenig Ressourcen zur Verfügung standen, um potenziellen Ungleichheiten autonom entgegenwirken zu können. Das Herausarbeiten und Stärken der eigenen Ressourcen kann dazu beitragen, dass bestimmte Krisen des alltäglichen Lebens aber auch strukturelle Benachteiligungen durch die Gesellschaft positiv bewältigt werden. Hier ist dem Verfasser dieser Arbeit aufgefallen, dass es in diesem Kontext eine Angleichung von Theorie und Praxis geben sollte.

Die Ergebnisse haben gezeigt, dass in der Behindertenarbeit der defizitorientierte Blick noch weiter in einen ressourcenorientierten Blick umgemünzt werden sollte. Gerade in Bezug auf soziale Krisen oder sozialer Ungleichheit subjektiv Betroffener sollte die Arbeit mit bestimmten Ressourcen noch erweitert werden.

Diese Arbeit bietet einen ersten Einblick in das Empowerment-Konzept. Für tiefgründigeres Wissen zu diesem Thema empfiehlt der Verfasser dieser Arbeit sich intensiver mit dem Empowerment-Konzept auseinanderzusetzen. Eine sinnvolle Quelle hierfür ist das Buch von Albert Lenz mit dem Titel: Empowerment-Handbuch für die ressourcenorientierte Praxis.

Um der strukturellen Benachteiligung von Menschen mit Handicap entgegenzuwirken, wurde in dieser Arbeit die Ebene der pädagogischen Arbeit im Zusammenhang mit den Betroffenen beschrieben. Diese Verantwortung trägt jedoch auch die Politik. Auf politischer Ebene müssen Barrieren beseitigt und Gesetze weiterentwickelt werden, um sozialer Ungleichheit, gerade in Bezug zu Menschen mit Handicap, entgegenzuwirken.

Als Abschluss dieser Arbeit kann festgehalten werden, dass es im Umgang mit Menschen mit Handicap stetige Entwicklungen geben muss, um struktureller Benachteiligung und sozialer Ungleichheit entgegenzuwirken. Die Soziale Arbeit kann einen Beitrag zu diesem gesellschaftlichen Phänomen leisten und verfolgt den Auftrag betroffenen Personen, eine individuell angepasste Hilfestellung zu ermöglichen.

LITERATURVERZEICHNIS

Deci, Edward L. & Ryan, Richard M. (1993). Die Selbstbestimmungstheorie der Motivation und ihre Bedeutung für die Pädagogik. Zeitschrift für Pädagogik, 39 (2), 223-238.

De Jong,P. & Berg,I.K. (2005): Lösungen (er-) finden- Das Werkstattbuch der lösungsorientierten Kurztherapie. Dortmund: Verlag modernes lernen.

Dobslaw, Gudrun (2006): Individuelle Hilfeplanung in der Behindertenhilfe als Voraussetzung für Inklusion- praxisbezogene Überlegungen. In: Hennicke, Klaus [Hrsg.]: Psychologie und geistige Behinderung. Berlin. Eigenverlag der DGSGB

Dresing, T & Pehl,T (2018): Praxisbuch Interview, Transkription & Analyse. Anleitungen und Regelsysteme für qualitative Forschende. 8. Auflage. Marburg

Felder, Franziska (2012): Inklusion und Gerechtigkeit. Dissertation. Online verfügbar unter http://search.ebscohost.com/login.aspx?direct=true&scope=site&db=nlebk&db=nlabk&AN=832286.

Grawe, K. (1998): Psychologische Therapie. Göttingen: Hogrefe.

Grawe,K. & Grawe-Gerber,M. (1999): Ressourcenaktivierung- Ein primäres Wirkprinzip der Psychotherapie. Psychotherapeut,2, 63-69.

Herringer, Norbert (2002): Empowerment in der Sozialen Arbeit. Stuttgart

Herringer, Norbert (2006): Ressourcen und Ressourcendiagnostik in der Sozialen Arbeit. Manuskript Online verfügbar unter: https://www.empowerment.de/files/Materialien-5-Ressourcen-und-Ressourcendiagnostik.pdf

Herriger, Norbert (2014): Empowerment in der Sozialen Arbeit. Eine Einführung. 5., erweiterte und aktualisierte Auflage. Stuttgart: Verlag W. Kohlhammer. Online verfügbar unter http://www.content-select.com/index.php?id=bib_view&ean=9783170257306.

Hildebrandt, Frank (2004): Soziale Ungleichheit oder Exklusion? Zur funktionalistischen Verkennung eines soziologischen Problems. In: Merten Roland; Scherr, Albert [Hrsg.]: Inklusion und Exklusion in der Sozialen Arbeit. Wiesbaden. VS Verlag

Hobfoll, S.E. (1998): Stress, culture, and community. New York: Plenum

Lazarus, R.S.; Folkman, S. (1984): Stress, appraisal and coping. New York: Springer.

Lenz, Albert (2011): Empowerment- Handbuch für die ressourcenorientierte Praxis. Tübingen: dgvt-Verlag

Nestmann, F. (1996): Psychosoziale Beratung. Ein ressourcentheoretischer Entwurf. In: Verhaltenstherapie und psychosoziale Praxis 5/1996, S. 359-376

Nestmann, F. & Sickendiek, U. (2002): Macht und Beratung. Fragen an eine Empowermentorientierung. In: Nestmann, F. & Engel, F. (Hrsg.): Die Zukunft der Beratung. Tübingen, S. 165-187

Quindel, R. & Pankofer, S. (2000): Chancen, Risiken und Nebenwirkungen von Empowerment. Die Frage der Macht. In: Miller, T. & Pankofer, S. (Hrsg.): Empowerment konkret. Handlungsentwürfe und Reflexionen aus der psychosozialen Praxis. Stuttgart. S. 33-44.

Schiepek, G. & Cremer, S. (2003): Ressourcenorientierung und Ressourcendiagnostik in der Psychotherapie. In H. Schemmel & J. Schaller [Hrsg.]: Ressourcen- Ein Hand- und Lesebuch zur therapeutischen Arbeit (S. 147-193). Tübingen: dgvt- Verlag

Schlippe,A. & von Schweitzer,J. (2009): Systemische Interventionen. Göttingen: Vandehoeck & Ruprecht.

Schwalb H. & Theunissen G. (2009): Inklusion, Partizipation und Empowerment in der Behindertenarbeit. Best-Practise-Beispiele: Wohnen- Leben- Arbeit- Freizeit. Stuttgart: Kohlhammer

Sohns, Armin (2007): Empowerment als Leitlinie Sozialer Arbeit. In Michel-Schwartze,Brigitta [Hrsg.]: Methodenbuch Soziale Arbeit-Basiswissen für die Praxis (S.74-99). Wiesbaden. VS Verlag

Solga, Heike; Powell, Justin J. W.; Berger, Peter A. (Hrsg.) (2009): Soziale Ungleichheit. Klassische Texte zur Sozialstrukturanalyse. Frankfurt, New York: Campus Verlag (campus Reader). Online verfügbar unter http://www.socialnet.de/rezensionen/isbn.php?isbn=978-3-593-38847-2.

Theunissen, Georg (2008): Geistige Behinderung und Lernbehinderung - Zwei inzwischen umstrittene Begriffe in der Diskussion. In: Geistige Behinderung 2/08, 47. Jg. 2008

Waldschmidt, Anne (2012): Selbstbestimmung als Konstruktion. Alltagstheorien behinderter Frauen und Männer (2. Aufl.). Wiesbaden: Springer Fachmedien

Internetquellen

Gesetz zur Gleichstellung von Menschen mit Behinderung-
  Behindertengleichstellungsgesetz

URL: https://www.gesetze-im-internet.de/bgg/BGG.pdf [letzter Zugriff am
  22.07.2020 um 12:04]

UN-Behindertenrechtskonvention

URL: https://www.behindertenrechtskonvention.info/ [letzter Zugriff am
  22.07.2020 um 11:45]

Weltgesundheitsorganisation (WHO) (2020a): Definition des Begriffs geistige
  Behinderung.

URL: https://www.euro.who.int/de/health-topics/noncommunicable-
  diseases/mental-health/news/news/2010/15/childrens-right-to-family-
  life/definition-intellectual-disability [letzter Zugriff am 21.07.2020 um
  11:40 Uhr)

Weltgesundheitsorganisation (WHO) (2020b): Intelligenzminderungen.

URL: dimdi.de/static/de/klassifikationen/icd/icd-10-gm/kode-
  suche/htmlgm2013/block-f70-f79.htm [letzter Zugriff am 21.07.2020 um
  14:53 Uhr)

Abbildungsverzeichnis